Kaori Okuda

おくだ かおり

やっぱり旅はやめられない

イスラム編

日本文学館

はじめに

みなさん、イスラムの国といえば、どんなイメージを持ちますか?

「よく分からない」とか、「なんだか怖い」という人が多いのではないでしょうか。湾岸戦争やイラク戦争、アルカイダや自爆テロなどのニュースが多く伝えられているので、イスラムの国に悪いイメージがある人も少なくないでしょう。

最近では、イスラムの国々の中でもトルコなどは海外旅行のメジャーな行き先の一つに挙げられるようになってきました。でも、ヨルダンやチュニジアなどは、怖いとか、ピンとこないという人がまだ多いのではないでしょうか。

なぜか私は昔から、中近東を中心とするイスラム文化に興味を持っていました。それは、日本やアジア、欧米諸国とは全く違う文化圏なので、人々がどのような生活を送っているのか全く想像ができなかったからかもしれません。

アジアや欧米諸国のことは、テレビなどから多くの情報が入ってきます。日本では戦後、アメリカのドラマや映画が日常的にテレビで放映されるなど、欧米の影響が大きかったので、知らず知らずのうちに欧米の生活スタイルが日本人の生活の中にすっかり浸透しています。

欧米やアジアへ行くと、どこの街にもマクドナルドがあったり、道行く人もTシャツやジーンズを着ていたりします。そこでは、私たちが普段生活している環境と大きな違いはなく、カルチャーショックを受けるようなこともあまりないように思います。何度か旅をしていると、そういった国々は、私にとって「異国」という感じがしなくなってきました。

でも、中近東のイスラム教の戒律が厳しい国々では、例えば、女性が黒いマントのような服を頭からかぶって生活しているとか、休みが日曜日ではなく金曜日だとか、豚肉を全く食べないとか、一日五回もメッカの方向に向かってお祈りをするとか、今でも私たち日本人とはあまりにも違う生活習慣があると聞きます。

「昔は金曜日が休みだったとしても、今は日曜日が休みじゃないの？」

「黒いマントをかぶって、普段はどうやって生活してるんだろう？　あのマントの下にはどんな服を着てるのかな?」

「一日五回もお祈りするなんて、仕事中はどうしてるの?」

と、私にはイスラムの人々の生活全てが不思議に思うことだらけでした。

そんな興味から、イスラム文化の世界を見てみたいという思いが私の中で大きくなり、イスラムの国々の中でもわりと行きやすそうなトルコなら、個人旅行でも行けるかなと思うようになりました。


それから年月が経ち、気がつけば私は、中近東やアフリカ北部にあるイスラムの国十ヵ国を旅していました。

この本では、その中の五ヵ国(トルコ、ヨルダン、モロッコ、チュニジア、エジプト)を旅した時のエピソードなどをまとめてみました。内容は体験談が中心で、ガイドブック的な部分はほとんどありません。

イスラムの国になんとなく興味があっただけのどこにでもいる普通のOLが、一人でイスラムの国を旅して、そこで見たり、体験したり、トラブルに巻き込まれたり、イスラムの人々と触れ合ったりして感じたことなどを書いてみました。

イスラムの国々にあまり良いイメージがない方、よく知らないと言われる方は、多少は身近に感じることができるようになるかもしれません。

そして、日本からのパックツアーでは出会えないような、バックパッカーの旅を通じての体験や人とのつながり、砂漠の素晴らしさ、遺跡や歴史のおもしろさなどを感じていただけるのではないでしょうか。

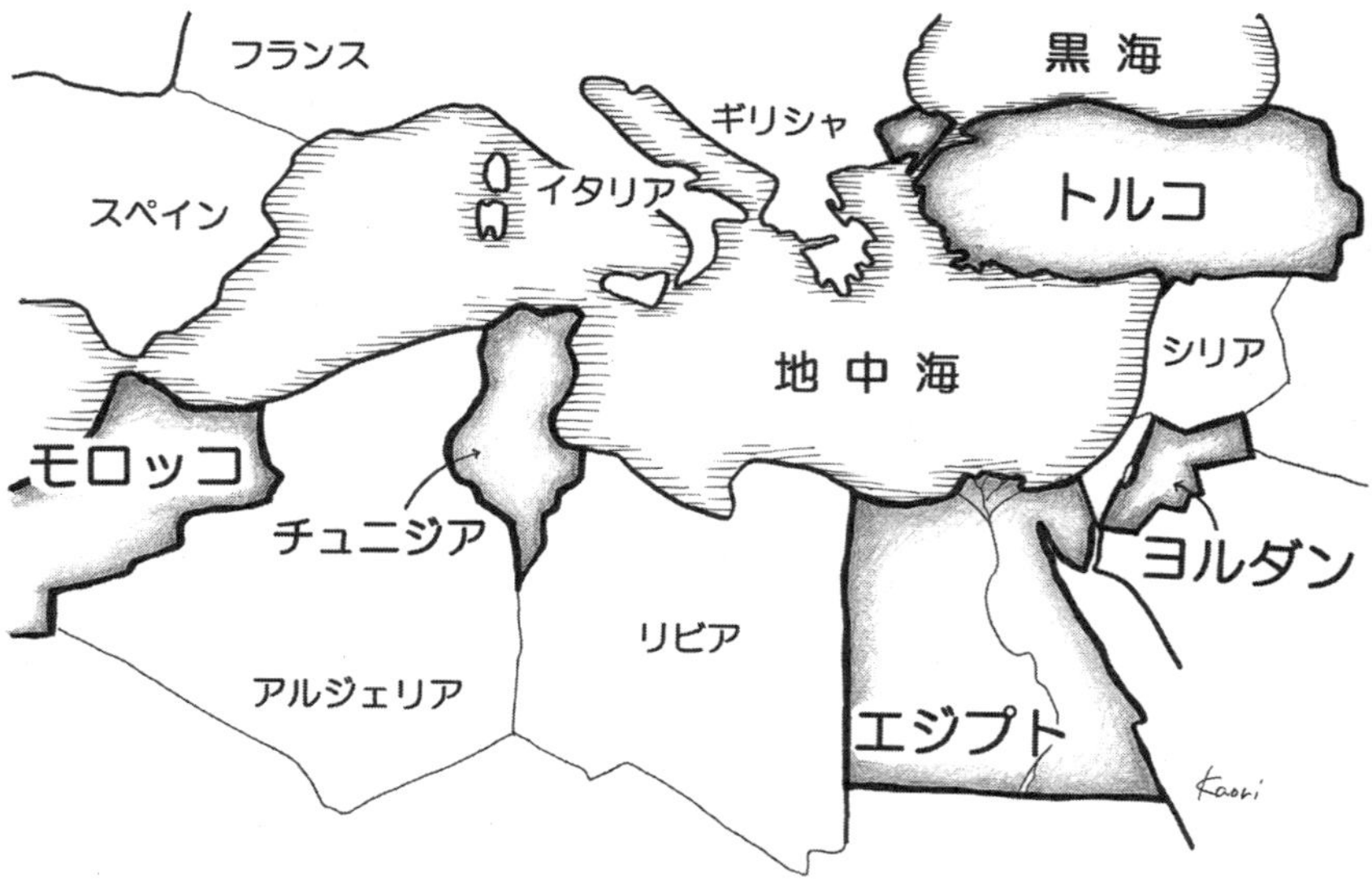
フランス
黒海
ギリシャ
イタリア
スペイン
トルコ
地中海
シリア
モロッコ
チュニジア
ヨルダン
リビア
アルジェリア
エジプト
Kaori

〜目　次〜

モロッコ

チュニジア

エジプト

トルコ

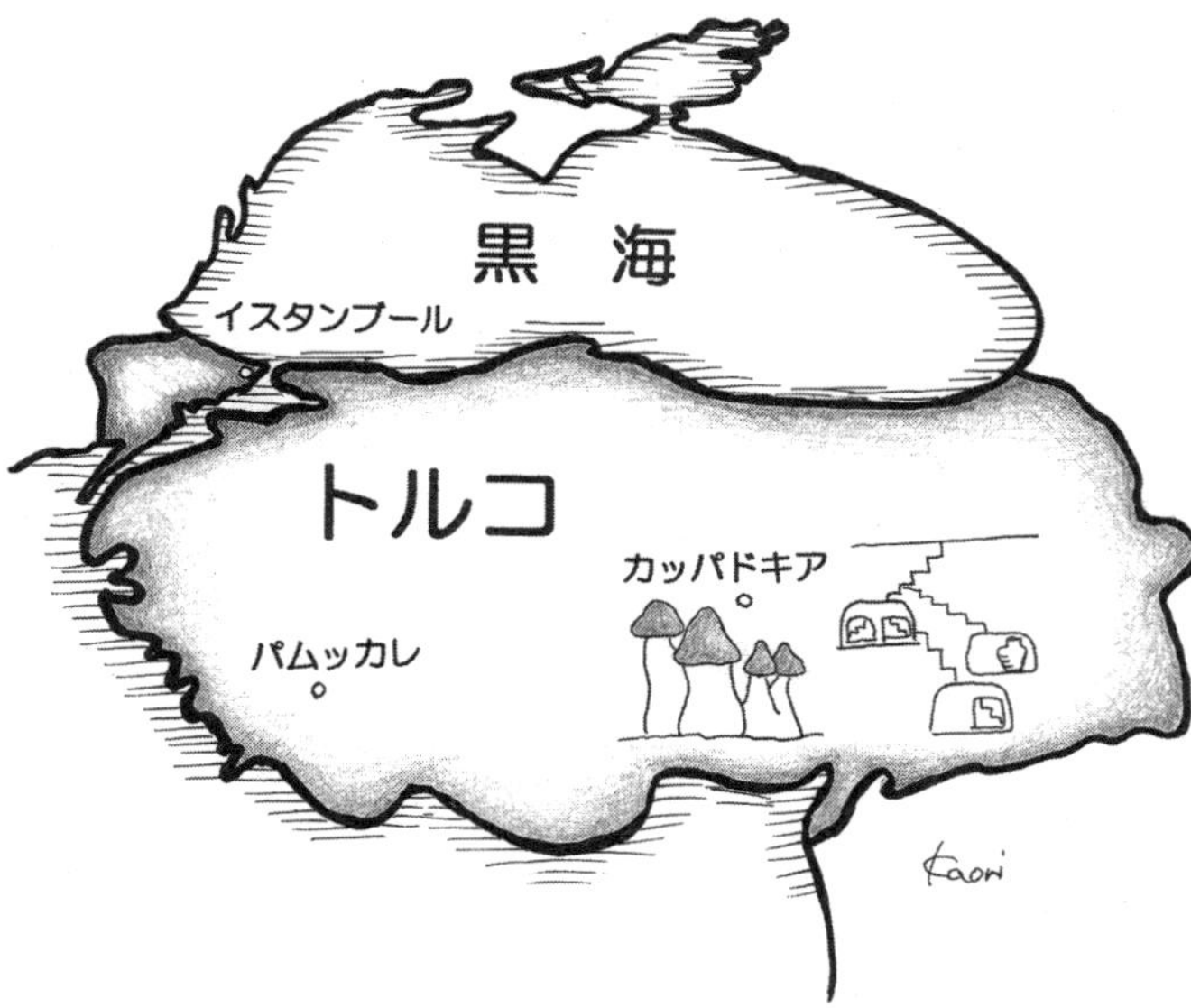

トルコには、イスラムの国であるということ以外にも、私の興味をそそるものがあった。

それは、カッパドキアという地域にある異様な地形と、パムッカレという場所にある美しい石灰岩の棚である。

トルコ内陸のカッパドキアには、地面から巨大キノコがニョキニョキと生えているような地形が広がる、おもしろい場所があるという。そして、パムッカレには、真っ白い石灰岩が丘の斜面一帯に棚のように段々に積み重なっている場所があり、タバコのTVコマーシャルで昔見たその光景の美しさが目に焼き付いていた。

私の心の中では、トルコに行ってその巨大キノコ群と真っ白の石灰棚を実際に自分の目で見てみたい、そして、イスラムの文化を体感してみたい、という思いがどんどん大きくなっていった。

私がそれまで旅した国々は、人から「良かった」という評判を聞いたことのあるところばかりだった。そういう国だと、行った人からその国の情報を事前に教えてもらうことができるが、当時、トルコやイスラムの国に行ったことがある人は私の周りには誰一人おらず、インターネットもまだない時代で何も情報を得ることができなかった。

友達には、アメリカやヨーロッパの国々に行きたいという人が多く、私が、「トルコに行きたい」と言うと、

「トルコ？　何があるの？　なんでそんな怖い国に行きたいの？」

と質問された。

会社や周りの男性には、少し変に思われ、「いやらしいなー、男を探しにいくのか？」などと、わけの分からないセクハラ的なことまで言われた。

それは、一九九〇年代前半まで、日本ではソープランドのことを「トルコ風呂」と呼んでいて、そのイメージがあったからだろう。トルコでは、「ハンマム」という公衆浴場があり、そこには体を洗ってくれる人がいる。そのためか、今でいうソープランドをそう呼んでいたようである。

私がトルコに行った一九九五年頃でも、一般的に海外旅行というと欧米諸国に目が向けられていて、トルコという国の知名度はまだまだ低く、私の周りにも一緒に行き

たいという人はいなかった。それでも私の思いは強く、それなら一人でもいいから行こうと思うようになっていった。

神のお告げ？

一九九五年のゴールデンウィーク。はじめてのイスラムの国、トルコへの一人旅が始まった。

日本との往復は、世界でも一、二を争う人気のシンガポール航空を利用した。直行便より遠回りで時間はかかるが料金は安く、シンガポールにも寄ることができるので、私のような貧乏バックパッカーにはうれしい。

関西国際空港から経由地のシンガポールまで隣に座っていた夫婦が、一人でいる私に気をつかって話しかけてくれた。

「あなたはこれからどこに行くの？」

「トルコです」

「でも、あなた一人でしょ。トルコに友達がいるの?」

「いませんよ。実は、着いてからの予定もはっきり決めていないんです。カッパドキアとパムッカレに行きたいので、とりあえず着いた日はホテルに泊まらずに、バスで移動しようと思ってるんです。でも、そのバスが何時に出発するかも分からないし、とにかく現地に行かないと何も分からなくて、ちょっと不安なんです」

そう言うと、奥さんの沙貴さんはとてもびっくりしていた。でも、私が以前、自炊しながらバスでオーストラリアを一周した話や、インドネシアのコモドオオトカゲが生息するコモド島に行った時、帰りの飛行機が故障で来ず、毎日空を眺めて五日間待っていた話などをすると、

「あなたならきっと大丈夫。トルコを気に入るわ。もしトルコが気に入ったら、あなたはイスラム文化に魅了されるでしょうから、次はヨルダンに行きなさい」

と、まるで神のお告げのように沙貴さんは言った。

トルコの次はヨルダン? イスラムの国に魅了されるってどういうこと? すぐにはその言葉がのみこめなかった私に、沙貴さんはシンガポールまでの機中、ヨルダン

とトルコの素晴らしさを教えてくれた。

その夫婦は、シンガポール経由でモーリシャスに行くという。モーリシャスは当時日本ではあまり知られていなかったが、アフリカの東のインド洋に浮かぶ高級リゾートアイランドである。

私は、この夫婦は単なる海外旅行好きではないと思い、いろいろ話を聞いていると、沙貴さんはそれまでに一〇〇以上もの国を旅していて、私の興味がある国は全て制覇していた。

「そんな人がいるの⁉ すごい！」

と、興奮する私とは対照的に沙貴さんは、「私なんてまだまだ」と謙遜する。というのも、沙貴さんのお父さんはその上を行っていて、世界中の全ての国を旅したという。それも、全てプライベートでということだ。

お父さんは、「ソ連が崩壊して国が新しくできたから、また行く国が増えた」と、今も旅に出ているそうだ。全ての国を制覇したので、コンコルドに乗るためだけの旅をしたり、アフリカの奥地へ野生のゴリラに会うために行ったりもしていて、南極にも行ったこともあるらしい。沙貴さんの話は全てが驚きの連続で、シンガポールまでの時間はあっという間に過ぎていった。

その後も沙貴さんとはお付き合いがあり、最近聞いた話では、イタリアのヴェネチアの仮面カーニバルへの参加や、海外でのクルージングにはまっているらしい。究極の旅はやっぱりクルージング？　そんな素敵な旅にも憧れるが、私にはリュックを背負って安宿のドミトリー（相部屋）に泊まる旅の方がやっぱり似合っているのかなと思う。

旅のスタイル

シンガポールからイスタンブールへの機中で熟睡していると、周りが騒がしくなって目が覚めた。すると、隣の人が「窓の外を見なさい」と言った。

寝ぼけながら窓から下界を見ると、そこには朝焼けのトルコの大地が広がっていた。

「うわー、すごい！」

と日本語で思わず言うと、

「もしかして日本人ですか？」

と、二つ前の席に座っていた日本人女性に声をかけられた。

彼女は私と同じ大阪に住む弘子さんといい、一人旅だった。

彼女の荷物はとても少なく、どう見ても海外を旅する荷物の量ではない。まるで日帰りのハイキングか、一泊二日の国内旅行に行くかのようなミニリュックだけである。少ないにもほどがあると私がびっくりしていると、逆に彼女は私の荷物の多さに驚いていた。

私の大きいリュックには寝袋もくくり付けてあり、一段と大きくなっていた。彼女の荷物は、下着二枚、着替えのシャツ一枚、バスタオル、ちょっとした薬、あとはガイドブックだけだった。男性ならまだしも、女性でこれだけ少ないなんて、この人はもしかして旅の達人？　やっぱりイスラムの国は旅の上級コースで、旅慣れている人ばかりなのだろうか？

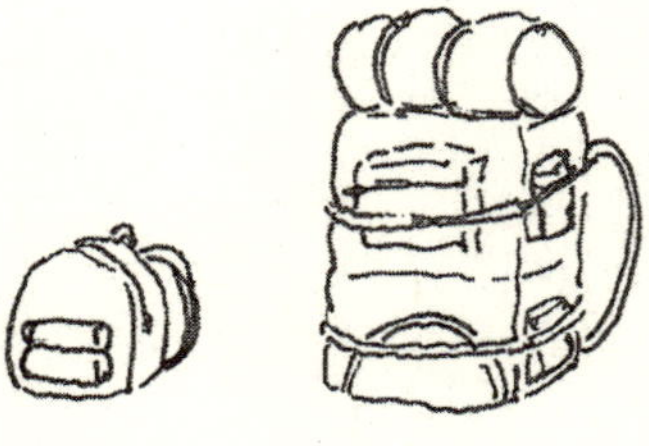

弘子さんのリュック　　私のリュック

イスタンブールの空港に到着し、私の荷物がターンテーブルに出てくるのを二人で待っていると、日本人らしき男性が近くにいたので、軽くあいさつした。そして、両替をするために空港の両替所へ行くと、また別の日本人男性がいた。そこにさっきの男性も来たので、みんなであいさつを交わした。

男性の一人はタカ、もう一人は憲司君といい、私たち四人は同年代の社会人だった。ゴールデンウィークを利用して、私とタカ、憲司君は十二日間の一人旅で、弘子さんは仕事が忙しく、休みがとりにくい中、なんとか七日間の休みをとって来ていた。彼女は、「帰ったら仕事がたくさん待っている」と、今トルコに着いたばかりなのに、もう帰国後のことを気にしていた。

彼女は、オスマントルコ時代のイスタンブールの歴史的地区を見ることが旅の目的で、イスタンブールの歴史をしっかりと勉強して旅に臨んでいた。

タカはローマ帝国に興味があった。それまでにイタリアに五回行ったことがあって、イタリアにあるローマ時代の遺跡や名所を全て見尽くしたので、今回は東ローマ帝国の首都だったコンスタンティノープル（現イスタンブール）を見に来たのだという。

「東ローマ帝国の首都？　ローマ帝国って首都が二つあったの？」私はそんなことさえ知らなかった。憲司君もそのことを知らなかったようで、二人で驚いていると、弘子さんとタカに、「そんなことも知らずにイスタンブールに来たの⁉」と、逆にびっくりされた。

弘子さんとタカは、塩野七生の小説『コンスタンティノープルの陥落』を前もって読んで来ていた。私はそんな小説があることすら知らず、「本なんて何も読んで来ていない」と言うと、二人は少し呆れていた。

すると、弘子さんがその場で、イスタンブールの歴史や歴史的建造物の特徴などを簡単に教えてくれた。弘子さんもタカと同じくらいローマ帝国に詳しく、二人で話が盛り上がっていた。その話を横で聞いていると、イスタンブールの街だけでも見所がたくさんあることが分かった。

弘子さんとタカは、イスタンブールの歴史を味わう旅だったが、私と憲司君は、偶然にもカッパドキアとパムッカレの自然造形美を見ることが目的だった。

それぞれの旅の目的は全く違っていて、自然に興味があった私と憲司君は、イスタンブールの歴史など全く知らずに来ていた。でも、弘子さんとタカの強い勧めもあって、私は予定より早くイスタンブールに戻り、歴史的建造物や美しいモスクを見学することにした。その時は歴史について私はよく知らなかったが、自分なりに歴史も味わう旅に切り替えることにした。

帰国後、『コンスタンティノープルの陥落』を一気に読んで感じたことは、歴史がある国に行き、遺跡や歴史的建造物を見る旅をするのなら、予習してから行った方が旅は断然楽しくなるということだった。何も予習をしていなければ、ただ、「わー、きれい。すごいなー」で終わってしまうが、知識が頭に入っていれば、違った見方、楽しみ方ができる。

タカと弘子さんとの出会いをきっかけに、私は歴史のおもしろさに目覚めることになった。

私は旅に出る時、まず行きたい場所を決め、自分なりにある程度スケジュールを組む。でも、実際に現地に行ってからは、その場の状況に応じて臨機応変にスケジュールを変えるという、気ままな旅をしている。

現地ではバスで移動することも多く、バスをわざわざ夜行便にしてホテル代を一泊分浮かすこともよくある。ハードで少しセコいと思われるかもしれないが、わずかな日数の中での旅なので、寝ている間に違う街に移動し、朝からその街を観光できると、時間を有効に使えてとても得した気分になる。

そんな感じで、できるだけその国の多くを見てみたいと欲張り、どうしても無理をしてしまい、いつも帰国時にはフラフラになってしまう。本当はゆっくり観光できればそれに越したことはないが、短いジャパニーズ・ホリデーだけにしょうがない。でも、時間に余裕があったらあったで、もっと他の街にも行こうなどと欲張ってしまい、結局同じことになってしまうだろう。

不思議な景観のカッパドキア

カッパドキアとは、トルコのほぼ中央部に位置するアナトリア高原を中心とした一地方を指す。そこに今回の旅の目的の一つである、キノコ状の岩が点在する不思議な景観の地形がある。

カッパドキアはこの地形以外にも見所が多く、しかもそれが広範囲に点在しており、個人で観光するのは大変だと聞いたので、二日間でほぼ全ての見所を回ることができる現地ツアーに参加することにした。

カッパドキアのキノコ群

私がツアー一日目に巨大キノコ群を見に行った時は、雨が降っていた上に風も強く、寒さでバスから降りたくないほどの最悪の天気だった。巨大キノコ群をとりあえず見ることはできたが、想像していたような壮大な景観ではなかった。

でも、三年後に行った友達に写真を見せてもらうと、私が行った時とは全く違い、快晴で素晴らしい景色が広がっていて、天気によって印象がこんなに変わるものかと残念だった。

ガイドの話によると、昔この巨大キノコ群の近くに、岩に穴を掘って作った洞窟教会で修道生活をしていたキリスト教徒たちがおり、この地方一帯から数百もの洞窟教会が見つかっているそうだ。

それだけではなく、地面を深さ八〇メートルまでアリの巣のように掘り、その中でたくさんの人が隠れて生活する地下都市が造られていたという。そこには井戸や換気システムもあり、外敵から襲われた時には要塞と化して身を守れるよう、セキュリティ対策も施されていた。驚いたことに洞窟内で火を焚くこともでき、その煙は岩に染み込むのだそうだ。

イスラムの支配するオスマントルコ帝国の時代になっても、ここではキリスト教徒たちが修道生活を営んでいたが、第一次世界大戦後、ギリシアとの間で強制的に住民が交換されたことにより、キリスト教徒はここから去り、今は無人の洞窟教会だけが残されている。

現在のトルコは、国民のほとんどがイスラム教徒なので、昔はキリスト教徒もいたということを私は全く知らなかった。私はそれまで宗教というものに興味がなかったが、国によっては宗教と歴史が密接に関係しているということを、トルコに行って改めて知った。

現地ツアーにはいろいろな国の人たちが参加するので、ガイドの説明は英語だった。私の英語のボキャブラリーは必要最小限の旅行用語だけなので、難しいことを言われるとさっぱり分からない。そうなると、数少ない知っている単語をつなぎ合わせて、何を言っているのか推測するしかない。

どうやら、ガイドは歴史の説明や聖書の話などをしてくれていたようだったが、そんな難しい英単語など私にはさっぱり分からず、全くお手上げだった。

そのツアーには、私の他に日本人の男女六人が参加していた。その中の一人の男性が、ガイドの英語の説明をうなずきながら聞いていた。そして、たまに流暢な英語で質問までしている。すごい……、この人、英語の難しい説明を理解している。そう思ったのは私だけではないようで、他の日本人もヒソヒソと「あの人すごいね」と驚いていた。

私はその男性に「今、なんて説明してるんですか?」と声をかけてみた。すると、彼は迷惑そうな顔をしながらも、ガイドの説明を少し通訳してくれた。その内容は日本語で聞いても難しい内容だった。

「すごいですね。何か特別に英語を勉強してたんですか?」

「これぐらい、中学程度の英語をちゃんと勉強してれば分かるじゃん」

彼は面倒くさそうな感じで冷ややかに答えた。私はその冷たい言い方に一瞬耳を疑い、返す言葉をなくした。それを聞いていた他の日本人もあっけにとられていた。

でも、私はガイドが何を言っているのかどうしても聞きたかったので、めげずにその男性に付きまとい、ガイドの説明が終わるたびに通訳してもらった。

すると、彼と私の距離が離れるたびに、他の日本人たちが私の隣に来て、小声で「なに? 今なんて?」と私に聞いてくるようになった。そうして、彼の通訳した内容は伝言ゲームのようにして、日本人全員に伝わっていった。

彼は自称「トム」と言い、事前にカッパドキアの歴史を勉強していたようで、私が質問するたびに「そんなことも知らずにカッパドキアに来たの？」と呆れた様子だったが、ちゃんと詳しく答えてくれた。始めは面倒くさそうに通訳してくれていたトムだったが、最後には私が近寄るとすぐに通訳してくれるようになっていた。

そして、私とトムは今でも交流があり、良き友でもある。後でトムに聞いたところでは、面倒くさそうな言い方になったのは、私に通訳している間もガイドの説明が進むので、次の話を英語で聞きながら、前の話を日本語で話すのが大変だったかららしい。


ツアーでは絨毯《じゅうたん》屋にも連れて行かれた。店員はたくさんあるトルコ絨毯を広げながら、客の反応を見る。私たちはチャイ（甘い紅茶）を飲みながら買う気もないのに、「この柄は好きじゃないなー」とか、「これはいいなー」とか、適当なことを言っていた。値段を聞いてみると、何十万円もするという。

あまりにも値段が高いので、私たちが絨毯そっちのけで喋っていると、いつの間にかトムが値段交渉を始めていた。トムは店の中でも一番値段が高い絨毯が気に入ったようで、本気で交渉していた。「値段交渉ならまかせて！」と、私たちも自分が買うかのように真剣に交渉に加わると、その迫力に店員も弱気になり、少しずつ値段を落としてきた。

でも、「あともう一声！」と言っているのに、なかなか値段が落ちない。高価な絨毯だけに敵もなかなかがんばり、私たちも疲れてきたので、もうあきらめることにした。そして、その分はトムへの通訳のお礼ということで、みんなで出し合うことにした。と言っても、一人二〇〇円にもならなかったけど……。

結局、私たちは何十万円のうちのたった一二〇〇円を値切るために、一時間ほど値段交渉をしていたのだった。

最初はとっつきにくそうなトムだったが、徐々にみんなとも仲良くなっていった。トムは、このツアーに一日だけ参加し、翌日には違う街に行く予定だった。でも、せっかくみんな仲良くなったし、私たちはトムの通訳がなければガイドの言っていることがさっぱり分からないので、「明日も一緒にツアーに参加しようよ」と説得し、予定をみんなで変更させたのだった。

現地ツアーの一日目も終わり、お腹もすいたので、みんなでトルコスタイルのレストランへ食事に行った。食後、洞窟のレストランでベリーダンスのショーを見ることができるというので出かけることになった。

ベリーダンスは、スタイルの良い若くてきれいな女性が腰をくねらせて踊るもので、私はアラビアンナイトの世界を感じることができると、ワクワクしていた。でも、実際に出てきたのは年配の女性で、しかもけっこうポッチャリ体型でお腹も出ている。

その女性は、腰をクネクネとすごく激しく動かし、出ているお腹を出したり引っ込めたり……。

「こ、これがベリーダンス?」

その女性が年配だったからか、太っていたからなのか、よく分からないが、私はなぜか切ない気持ちになってしまった。それは私が想像していたダンスとは違い、腹芸にしか見えなかった。

ベリーダンス以外にも、トルコの民族ダンスも見ることができた。男女八人がかわいい民族衣装を着て、テンポの速いフォークダンスのような踊りを披露してくれたが、その中に強烈な体臭を発している人がいた。

外国人には体臭がきつい人が多いとは聞いていたが、そのにおいは私の想像をはるかに越えたものだった。最初はいったい何の異臭なのか理解できないほどだった。生まれてはじめてかいだ外国人の強烈な体臭は、はじめは物珍しさもあったが、すぐに苦痛に変わってきた。

それでもダンス自体は素晴らしいので、「わー、すごい！」と歓声を上げると、ダンサーものってきてどんどん動きが激しくなる。すると、その分においも強烈になり、悪臭の原因と思われる汗まで観客席に飛び散ってきた。

汗が、これでもか、これでもか、という具合に飛んでくるたびに顔を手でおおい、私は違う意味で「わー！」と叫んでいた。そして、狭い洞窟レストランの中には強烈な悪臭が充満し、息苦しくなってきた。

ダンスも佳境に入り、客もダンスを踊らされることになり、最悪なことに私は一番体臭が強いと思われる男性に手を取られてしまった。彼の手は汗でべっちょりで、全身から発する強烈な体臭で私は息もできず、涙まで出てきた。でも、ダンスを踊っているので息をしないわけにはいかない。

息をするたび、あまりの悪臭に頭がクラクラしながら、さんざんなカッパドキアの夜はふけていった。

アザーンで知ったイスラム

イスタンブールでは、お祈りの時間になると、モスク（イスラムの礼拝堂）のスピーカーからそれを知らせる声（アザーン）がリズムにのって大音量で流れる。イスタンブールは街中モスクだらけなので、一日に五回あるお祈りの時間になると、街中にアザーンが響き渡る。

安宿の多くは旧市街のモスク周辺にあり、その屋上から眺めると、タイムスリップしたかのような昔の街並みが広がっている。景色は良いものの、まだ朝日も昇っていないような早朝に、近くのモスクのスピーカーから突然アザーンが大音量で流れ始めるので、安宿の宿泊客は寝不足で不満をこぼしている人が多かった。

私はというと、旅の疲れもあり、早朝のアザーンも耳に入らず、ぐっすり眠れて毎日心地良い目覚めだった。

日中、アザーンがスピーカーから流れているのに、街行く人が皆そ知らぬ顔で、誰もお祈りをしていなかった。不思議に思ってトルコ人に聞いてみた。

「アザーンが流れているのに、お祈りしなくていいの？」

「一日の五回分をまとめて夜にお祈りしてもいいんだよ」

「ふーん。ところで、あの大音量のアザーンは何て言ってるの？」

「『お祈りの時間だよー。モスクに来てお祈りしなさーい』って言っているんだよ」

アザーンは穏やかなリズムで、私には心地良く聞こえた。


ある日、おみやげ屋の店先でチャイをごちそうになっていると、店員の若い男性が私に話しかけてきた。彼は、「彼氏はいるの？　僕はどう？」と、なれなれしく肌に触れてきた。うっとうしくて反応に困っていると、突然アザーンが大音量で流れ始めた。

するると、彼の態度が急に変わり、恥ずかしそうにし始めた。その急な変わりようが不可解で、思わず私は彼に聞いた。

「いったいどうしたの？」

「アザーンが流れている時は、こんなことをしてはダメなんだ！　恥ずかしいんだよ」

彼は逃げるように店の中に隠れた。でも、私にはその行動の意味がさっぱり分からなかった。

よくよく聞くと、アザーンは礼拝の時間を知らせる呼びかけだけではなく、アッラーの神への祈りの言葉や、コーランの一節も説いているらしい。だから、アザーンが流れている時に恋愛感情を表すような行為をすることは、とても恥ずかしいことだそうだ。

そういえば、昔テレビでイスラム教徒は脇毛や下の毛も剃ると言っていたのを思い出したので、ついでに彼に聞いてみた。

「イスラムの人は脇毛と下の毛を剃るって聞いたことがあるけど、それってほんと？

男性も剃るの？」

「そうだよ」

「えっ！　下の毛もほんとに剃るの？　チクチクしないの？」

「うん、しょっちゅう剃るから、何ともないよ」

「じゃ、あなたの下の毛もツルツル？」

「そうだよ、当たり前じゃないか」

その言葉に私が驚いていると、「えっ⁉　君は毛があるの？」と逆に質問され、「当たり前よ！」と答えると、彼も私と同じように驚いた。

「じゃ、君は脇毛も下の毛もあるのか⁉」

「脇毛は剃るけど、下の毛は剃らない」

「なぜ脇毛だけ剃るんだ？　それだったら下の毛も剃ったらいいじゃないか」

反対に私が彼から質問攻めにあった。

イスラム教では、「脇毛や下の毛は剃りなさい」という教えがコーランに書かれている。きっと、昔は風呂に頻繁に入れなかったので、衛生面からそう書かれているのかもしれない。

その後、日本でバングラデシュ人留学生の夫婦と知り合いになり、同じことを聞いてみたら、夫婦二人とも脇毛と下の毛を剃ると言っていた。やはりイスラム教徒の人々は、大人でも下の毛がなくツルツルのようだ。一度見てみたい気持ちもあるけど、私がこの目でそれを確認する機会はこれからもきっとないだろう。

トルコ料理と水タバコ

あまり知られていないが、トルコ料理は、フランス料理や中国料理と並んで世界三大料理の一つとされている。そんなこともあってか、トルコでは何を食べてもおいしく、しかも安い。いろいろな食べ物を食べてみたが、はずれがなかった。

日本では、羊肉といえば独特のくさみがあって、あまりおいしい肉ではないイメージがあるが、トルコでは肉といえば羊肉がほとんどで、これって、本当に羊の肉？と思うほどくさみがなく、香辛料が効いているからか、牛肉よりもおいしく食べることができた。

トルコでは良質の小麦がとれるので、パンもとてもおいしい。トルコのパンは、フランスパンを太らせてずんぐりさせたような形で、まわりはカリッとしているが、中はフカフカで柔らかい。

そのおいしいトルコのパンを縦に半分に切り、それをさらに横に切って、焼きたての鯖と玉ネギ、レタスをはさんで食べる「鯖サンド」が屋台で売られていた。鯖をパンにはさむなんて、本当においしいの？　と、日本的発想の私は思ったが、フカフカのパンと食べるからなのか、鯖とパンは意外に合っていて絶品だった。

トルコには羊の脳を食べられる店があり、カッパドキアのツアーで仲良くなった日本人のみんなとイスタンブールで合流し、食べに行くことになっていた。皿に乗せられて羊の脳が運ばれてくると、みんな「ぎゃー！　わー！」と叫んだ。それは白くてきれいなドーム型で、プルンとしていて大きな白子のようだった。

よく見ると、うねうねした脳のシワがあり、中央にはうっすらと割れ目もあって、右脳と左脳に分かれている。脳の横にはレモンが添えられていて、どうやらレモン汁をかけて食べるらしい。おまけに、日本のしょう油まで出てきた。

勇気をふりしぼって一口食べてみたが、食感はヨーグルトか白子のようで、あまり味はなく、レモン汁の味しかしない。みんなも一口しか食べることができず、最後まで脳はほぼ原型のままで残っていた。


イスラムの国には水タバコというものがある。水タバコはイスラムの国ではポピュラーなタバコで、チャイハネ（チャイを飲むオープンカフェ）では、男性が小さいグラスに入ったチャイをちびちび飲みながら、水タバコをゆっくり時間をかけて吸っている姿をよく見かける。

水タバコとは、ガラス壺に水を入れ、その壺の上にタバコの葉を置いて炭で燃やし、壺の中の水にくぐらせた煙をパイプで吸うタバコのことである。蛇のようにカラフルなパイプがガラス壺の上の部分から伸びていて、口をつけて思いっきり吸い込むと、ガラス壺の中の水がボコッボコッと音を立てて動く。

水タバコは一時間近くかけてゆっくり吸うものだが、普通の紙タバコに比べると二コチンの量がはるかに少なく、一時間近く吸い続けても紙タバコ一本分のニコチンの量にもならないという。

でも、いくらニコチンが少ないといっても、タバコを全く吸わない私には興味がなかった。タカは普段タバコを吸わないが、せっかくだから水タバコを体験したいと思っていた。ヘビースモーカーの憲司君は水タバコを吸うのを楽しみにしていたので、夕食後、三人で水タバコを吸えるチャイハネに行くことになった。

タカと憲司君は、一つの水タバコを二人で交互に吸い始めたが、はじめは要領が分からず、吸う力が弱くて、「あれ？　こんなもんか？」などと言っていた。でも、勢いよく吸わないと煙が出ないと教えられ、教えられたとおりにすると水がボコボコと音を立てて、煙が出てきたようで、二人で「おぉー！」と言い合った。

「なに、なに？　どんな感じ？」

水タバコ

私が興味しんしんで聞くと、
「ちょっとこの感じは口では表現できないから、吸ってみたら」
と二人に勧められ、私も水タバコを初体験してみた。はじめはどれだけ吸い込んだら煙が入ってくるのか分からなかったが、勢いよく吸うと煙が出てきた。でも、その煙を肺に吸い込むことがどうしてもできず、結局最後まで水タバコの味を味わうことはできなかった。

二人とも思う存分水タバコを吸い、ホテルへ戻ろうと歩いていると、二人に異変が現れた。二人とも無口になったかと思ったら、しばらくすると頭がクラクラすると言い始めた。憲司君はかなり長時間吸っていたからか、顔も青ざめ、気分が悪いとまで言い始めた。二人ともフラフラ状態で歩くのもつらそうだった。

水タバコはけむたくなく、なかなかおいしいのでどんどん吸ってしまうが、慣れていない人がたくさん吸うと気分が悪くなることもあるらしいので、慣れるまでは気を付けた方が良いようである。

水タバコのガラス壺にはきれいな柄が描かれているので、オブジェとしても人気があり、おみやげに買って帰る人も多い。憲司君は自分へのおみやげにと、六〇センチほどの高さのガラス壺を買っていた。タバコの葉も買っていたので、オブジェとしてではなく、実際に吸うつもりで買ったようだ。彼は、「寮の狭い部屋で炭を起こさないといけないのかぁ。一酸化炭素中毒にならないかなぁ?」と心配していたが、今も元気である。

イスラム流ショッピングの楽しみ方

イスタンブールの旧市街の中心には、グランド・バザールがある。バザールとは市場のことで、巨大な屋根つきの市場には一〇〇〇軒以上の店が軒を連ねていて、ここに行けばたいていのトルコ土産が揃っている。黄金に輝くアクセサリーや指輪、革製品、チャイを入れるかわいいガラス製のミニカップ、トルコ絨毯、布、服など、観光客が喜びそうなものばかりがあるので、ほとんどの人はここでトルコ土産を買う。

品物を買う時、店員に値段を聞き、言われたとおりの額を払うと、店員は「まいどありっ！」と笑顔で応対しながら、裏で「よし、ボロ儲け」とほくそ笑むだろう。こういう場所では定価などあってないようなものなので、時間を気にせずに粘り強く交渉すれば、良い品物を安く買うことができる。

アジアなどの市場でもそうだが、値段交渉は目安として相手の言い値の半額ぐらいからスタートした方が良い。お互い電卓を叩き合い、自分の主張する値段までがんばって交渉するか、諦めてそれよりも高い値段で買うかは買い手次第である。だから、同じ店で同じ品物を買っても、値段が全く違うこともよくある。

私の場合、だいたい相手の言い値の三割の値段から交渉をスタートする。まずは商品を欲しがる素振りをあまり見せず、値段を聞くだけ聞いて立ち去ろうとする。すると、「じゃ、いくらだったら買う？」と言われ、交渉が始まる。

私が相手の言い値の三割の値段を言うと、「それではだめだ」と相手にまず間違いなく言われるので、「じゃ、いい」と店を出れば、「ちょっと待て」と手を引っ張られ、さらに少し値段を下げてくる。それを延々とくり返す。

イスラムの国での買い物は、電卓を叩き合う相手との駆け引きだけではなく、チャイを飲みながら世間話をするのも楽しかったりする。イスラムの人々は少し世間話をするだけで、すぐ「友達だ」と言って急に親しげになる。私からすると「えっ⁉ 数分しか喋ってないのにもう友達⁉」と戸惑ってしまうこともあるが、こうして相手と仲良くなると一気に値段を下げてくれたり、他の店で買い物する時の目利き術を教えてくれたりすることもある。

私は、相手の言い値の六割ぐらいまで値段が落ちたら手を打つようにしているが、時には、三〇分かけて欲しい服を八割引きにまで落とさせたり、トルコ人も驚くような値段で買ったりしたこともある。

でも、敵も百戦錬磨のプロなので、いつもそんなにうまくいくわけではない。買うつもりもないのに、ただなんとなく値段を聞いたがために、いつの間にか値段交渉になってしまい、結局買わざるを得なくなったことも多々ある。

ふと気になった商品の値段をただ知りたいだけの時、イスラムの国では値段が表示されていないことが多いので、店員に聞くしかない。

そうして値段を聞き、「うぅ〜ん、どうしようかなぁ〜」と悩んでいると、相手は、

「じゃあ、いくらなら買う?」と電卓を差し出してくる。その時、安易に適当な値段を言ってしまうと、すぐ商談成立となって商品を袋に入れられてしまうこともある。そんな時は、「もっと安い値段を言えばよかった……」と後悔してしまう。

あまり買う気がない商品だと大幅に値段を下げてきたり、逆に本気で欲しい商品だと、いくら交渉してもほとんど値段を下げてくれなかったりすることもよくある。百戦錬磨の店員は、客がその商品をどれだけ欲しがっているかをある程度見分けることができているような気がする。

イスラムの国での買い物では、すごく欲しい商品でも、欲しい素振りを絶対に見せてはいけない。それが一番難しくもあり、楽しくもある。

元気な避難民

私がトルコに行ったのは阪神淡路大震災の三ヵ月後だった。私は大阪に住んでいるので、大震災の時は家の壁が波打ち、家全体が生き物のように感じたほどだった。

この地震は世界的なニュースになっていたようで、トルコ人やホテルの宿泊客たちから、「あなた日本人？　日本で大きな地震があったよね」と話しかけられることも多かった。私が自分の家も被害にあったことや被害者の数などを答えると、みんなとても驚いていた。

パックツアーの観光コースになっている場所に行った時、旗を掲げた添乗員に率いられた日本人パックツアーの団体がいた。私は日本語ガイドの説明を聞きたくて、そのツアーの人たちにまぎれ込んで盗み聞きしていた。

にぎやかな雰囲気と話している言葉から、その団体は関西人のようだった。ツアー客の隣で一緒に展示物を見ていると、その中のおばちゃんの一人が私を同じツアーの人と勘違いして、「すごいねー」と話しかけてきた。

「そうですね。すごいですねー」

「あれ？　あなた同じツアーの人？」

「いえ、違いますよ」

「てっきり同じツアーの人かと思ったわ。日本のどこから来たの？」

「大阪です。みなさん関西の方ですよね。どちらからですか？」

「神戸からよ」

「神戸⁉　地震は大丈夫だったんですか？」

「大丈夫じゃないわよ。家が全壊して、今は避難所生活よ」

「家が全壊したのにトルコに来たんですか⁉」

「ツアーを予約したのが地震の前だったから、行かないとキャンセル料取られるでしょ」

「でも避難所から旅行に出かけるなんて……」

「私だけじゃないわよ。このツアーはだいたい神戸の人で、ほとんど家がないの。この人は家の下敷きになって四時間後に救出されたのよ。この人は避難所に入れなくてテントで生活してて、この人は知り合いが亡くなったんだって。でも、命があったからこうして旅行ができるのよ。家が壊れたからって、避難所にいても気持ちが滅入ってしまうだけだし、だからツアーに参加したの」

それを聞いていた周りのみんなは、にこやかにうなずいていた。

「避難所では、まともに風呂にも入れないし、難民のような生活だけど、このツアーに参加したら、毎日体を洗えてベッドで寝ることができて、きれいな服を着ることができるし、久しぶりに人間らしい生活に戻ったわ。おかげで避難所に戻っても、またがんばろうっていう気になったわ。やっぱりツアーに参加してよかった」

みんな大変な境遇にもかかわらず、笑顔でトルコ旅行を楽しんでいた。その笑顔を見て、旅というものは、人の気持ちや考え方に大きな影響を与えるものなのだと実感した。そして、最後には「あんたもがんばるんやで」と、逆に私が励まされたのだった。

イスタンブールで強盗

ブルーモスク近くの人通りが少ない公園を歩いていると、一人の日本人男性が絵を描いていた。

その男性の後ろから絵をのぞくと、彼はブルーモスクを丁寧に描いていた。メモ用紙にボールペンで描いていただけだったが、タッチは素人離れしていて、メモ用紙に描くのはもったいないほどの出来ばえだった。

あまりにも上手なので話しかけてみた。

「こんにちは、お上手ですね。絵描きさんですか？」

「いや、僕は普通のサラリーマンだよ。旅に出て、こうしてその国の風景や建築物の絵を描くのが好きなんだ。写真を撮るだけなら、そんなにじっくりと見ないけど、絵を描くと細かいところまで観察するから、いつまでも忘れないんだ」

彼は穏やかな口調で自分の旅のスタイルを話してくれた。

「メモ用紙に描くのはもったいないほどですね」

「ボールペンしかないから、思うようにちゃんと描けないんだけどね。本当は、絵を描くための鉛筆でちゃんとした絵を描いていたんだ。でも、昨日強盗にあって荷物を全部盗られたんだよ」

「強盗⁉　イスタンブールで？」

私はトルコを旅している間というもの、一度も危険な目にあったことがなかったので驚いた。最初は、盗難などには気を付けなければと気を張っていたが、しばらく経つとトルコ人の親切さから、そんな緊張感もすっかりなくなっていた。

「昨日の夕方、この近くで絵を描いていたんだ。そしたら、トルコ人男性が横に座って話しかけてきて、夕日が沈むのを一緒に眺めてたんだよ。男性は仕事が休みの日に、この辺りの公園から夕日を見るのが好きだって言ってたんだ。最初は不審に思ってたけど、話をしているとけっこういい人に思えたんだよ。すると、『近くに安くておいしいレストランがあるから、一緒に夕食を食べないか』って誘われたんだ。ちょうどお腹も空いてたし、一緒に食事に行くことにしたんだ。近くって言ってたのに、だんだん薄暗い路地に入り込んで行くから、なんかおかしいって思った時、タイミングよく警官がやって来て彼に職務質問したんだ。それから様子がおかしくなって、警官が僕に向かって、『この男は悪い奴だ』って言うんだよ。僕も怪しいって疑い始めてたから、助かったって思ったんだ。警官が僕に念のためパスポートを見せてくれって言うから、パスポートを出そうとした瞬間、その警官に腹を思いっきり蹴られて、数発殴られたんだ。僕が痛くてうずくまったスキにカバンを奪われて、二人は逃げて行ったんだ」

「じゃ、警官もグルだったの？」

「僕も信じられなかったけど、ニセ警官は多いみたいだよ」

「パスポートは？」

「パスポートと帰りの飛行機のチケットはお腹に巻き付けてたから大丈夫だったんだけど……」

「じゃ、お金は？」

「財布も盗られたけど、別にまだ少しお金を持っているし、明日帰国だからなんとか大丈夫なんだ」

「ケガは？」

「腹を思いっきり蹴られて、その時は息ができなくてほんとに苦しかったよ。薄暗い路地でこのまま殴られ続けたら、ほんとにヤバいって思ったよ。でも、カバンを放すまで何度か殴ってきただけで、カバンを奪ったらすぐ逃げて行ったから助かったんだ」

「すぐ荷物を渡したら、何度も殴られずにすんだのに」

「僕は旅に出たら日記を書くんだ。その日記帳には今まで旅した国の絵もたくさん描いていたんだ。それがカバンに入っていたから……。カメラも盗まれたけど、それよりもその日記を盗まれたことの方がショックなんだ」

確かに彼の絵はとても上手で、今日一日だけでも三枚書いていた。盗まれた日記にはもっとたくさんのすばらしい絵が描かれていたのだろう。

いくらトルコの人たちが親切でも、相手からやたらと親しげに話しかけてきて、どこかへ誘い出そうとするような人は、怪しいと思って間違いないだろう。でも、彼はトルコ人の親切さや穏やかな街の雰囲気に「緊張感」という、海外の旅では忘れてはならないことをすっかり忘れてしまっていたのかもしれない。

個人で海外を旅をする時、常に気を付けておかなければならないことを、改めて彼が教えてくれたような気がした。

トルコを旅して感じたこと

イスタンブールは建物も美しく、街行く人々の顔も穏やかである。

通りを歩いているといろいろな店から声がかかり、「ジャポンか？　よく来たね。チャイでも飲んでいきなさい」と雑談が始まる。たくさんの店でチャイをごちそうになるので、私のお腹は常にタップンタップンだった。それまで旅した国では、街を歩いているだけで親しげに声をかけられることなどなかった。

安宿から毎日同じ道を通って街の中心まで行くので、「ヘイ、カオリ！　今日はどこに行くんだい？」とあちこちの店から声をかけられた。そして、チャイをごちそうになりながらその日の予定などを話し、帰り道では、その日行った場所や出来事を話すのがイスタンブールでの日課だった。

そんな日々を過ごしていると、イスタンブールに友達がたくさんできたかのように思え、街をブラブラ歩くだけでも楽しかった。

トルコ人は特に日本人に対して好感を持っていて、みんなとても親切だった。トルコに来てからというもの、「日本人はすばらしい。トルコ人と日本人は同じアジア人だ」といろいろなトルコ人に言われ、戸惑いと驚きの連続だった。私の中にはそれまでアジア人などという意識は全くなく、そういう発想自体に驚いた。

私たち日本人は、日本に観光に来ているトルコ人に対して、トルコ人のように同じアジア人同士だといって親切にするだろうか？

それにしても、トルコ人はなぜこんなに日本人に親切なのだろう？　日本ではあまり知られていないが、昔トルコの軍艦が和歌山県沖で座礁した時、近くの村の人たちが協力してトルコ人を助けたという話は、トルコでは有名である。

他にも、日露戦争で日本がロシアを撃退したので、ロシアのトルコ侵攻が妨げられたということを、私と同年代ぐらいのトルコ人でも知っていた。

あるトルコ人と話をしていた時、「ボスポラス海峡の橋は日本のゼネコンが造ったんだ」と言って感謝されたこともあった。

何がどうなのかよく分からないが、きっといろいろなことが重なって、トルコ人は日本人にいいイメージを抱いているのだろう。

旅行中、トルコ語を勉強しに来ているという日本人女性に出会った。当時、私は英語以外の言葉を勉強しているという人に会ったことがなく、少し失礼なことを尋ねてしまった。

「なぜトルコ語を勉強しようと思ったの？　トルコ語を勉強してどうするの？」

「私はトルコの文化が好きで、トルコの人ともっと話がしたいから、トルコ語を勉強しているの」

その彼女の言葉を聞き、「外国人と会話をするには英語しかない」と思い込んでいた自分の浅はかさに気付かされた。確かに彼女が言うように、現地の言葉を少しでも話せたら、英語でコミュニケーションするより相手は喜んでくれるだろう。

私がトルコに行くまでに旅した英語圏の国々では、英語が聞き取れない、話せないという悔しさをいつも感じ、コンプレックスがあった。トルコに来るまで、私は英語が全てだと思っていた。

でも、トルコを旅している人々は、トルコの歴史や文化を堪能しに来ている人が多く、私のように英語があまり得意ではない人がほとんどで、多くの人が片言の英語しか話せなかった。それでもみんな楽しそうに旅をしていた。

確かに、海外を旅するなら英語が話せないよりは、少しでも話せる方が何かと便利だ。でもトルコに来てから、英語が話せる、話せないということはちっぽけなことのように感じられ、少し自信を持つことができた。

トルコでの日々は、今までの一人旅では体験できなかった、たくさんの人々との出会いがあり、そして現地の人たちとの触れ合いがあった。はじめて見るモスクなどの美しいイスラム建造物や大音量のアザーンの声、田舎町に行った時、年配の女性が黒いマント（ヘジャブ）で全身をおおっている姿などにカルチャーショックを受け、見るものや体験するもの全てが感動だった。

私はトルコ人の親切さやイスラム文化に魅了され、帰国後すぐ、またトルコに行きたいと思う日々が続いた。でも、行きの飛行機で沙貴さんに言われた、「トルコが気に入ったら、次はヨルダンへ行きなさい」という言葉が私には忘れられなかった。

やっぱり沙貴さんの言ったとおり、次はヨルダンに行こう！

ヨルダン

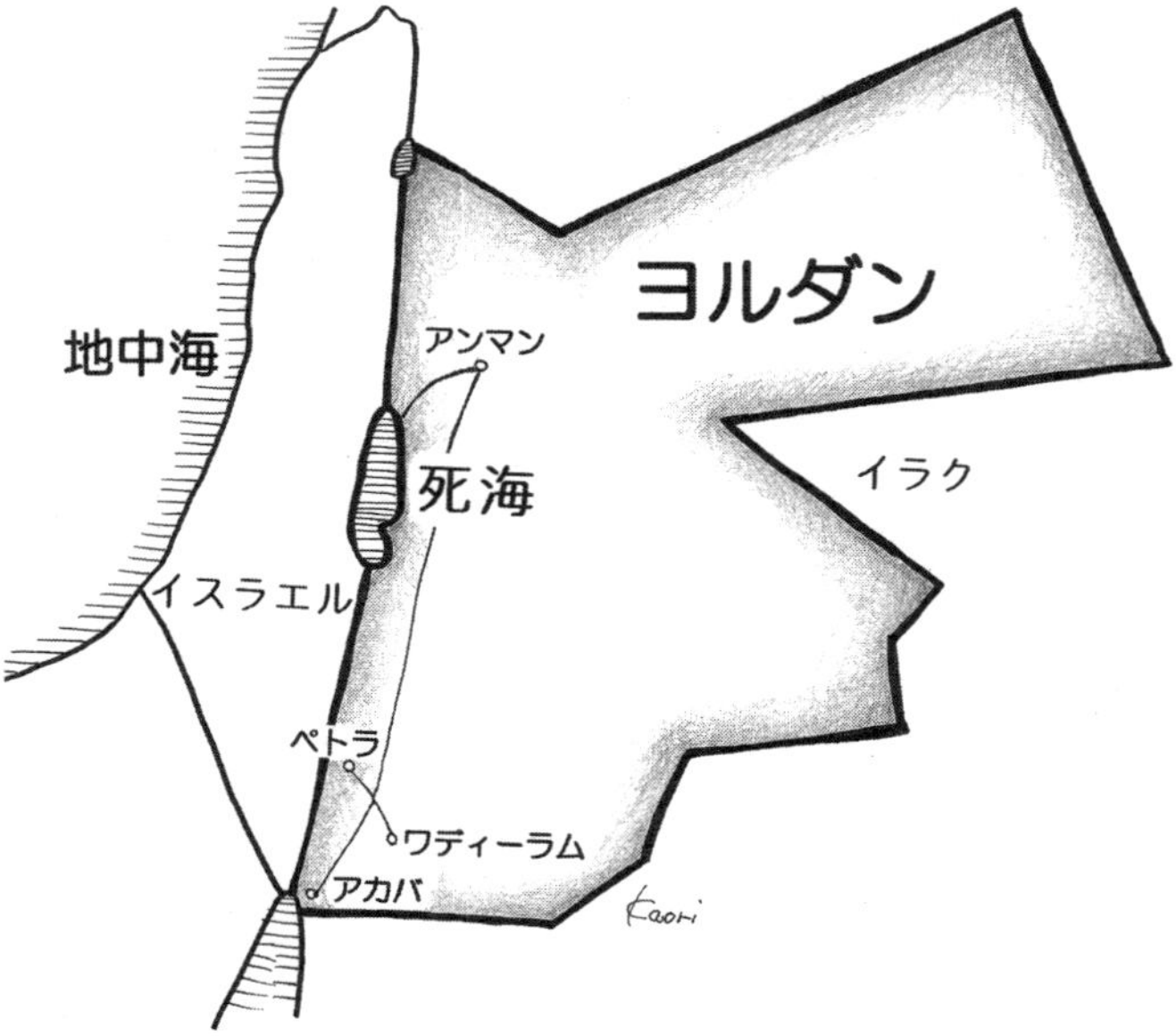

ヨルダン
地中海
アンマン
死海
イラク
イスラエル
ペトラ
ワディーラム
アカバ
Kaori

私は昔からヨルダンに興味があった。

小学生の時、世界地図を眺めていると、「ヨルダン」という国を見つけ、その国の首都を見ると「アンマン」とあった。それを見て、日本語っぽい国名とおいしそうな首都の名前に親しみがわいた。そして、そのすぐ横の湖に「死海」と漢字で書かれていて、不気味な名前……、と思った。

中学三年の時、英語の教科書の中に、数人の大人が本を読みながらプカプカと水に浮かんでいる絵があった。私はその絵がやたら気になり、教科書をもらってすぐにそのページだけ辞書を片手に訳してみると、それが死海という湖だと分かった。

その湖は、塩分が濃すぎて魚や生物が生存できないので、「死海」という名前がつけられていて、あまりに塩分が濃いため、人間もプカプカ浮いてしまうと書かれていた。そんな不気味な名前なのに、何もしなくてもラッコのように人間が浮くなんて、おもしろそうな湖だなと興味がわいた。

地理の授業で死海のことを詳しく教えてくれるのかと楽しみにしていたが、中近東のことはほとんど教えてくれなかった。今のようにインターネットはないし、図書館でわざわざ調べるほどの熱意もなく、結局その時は、英語の教科書で読んだ内容以上の知識を得ることはできなかった。

それから月日が流れ、沙貴さんから「ヨルダンに行きなさい」と言われるまで、ヨルダンのことは私の頭の中から忘れ去られていた。トルコを旅した翌年、一九九六年九月にまとまった休みがとれたので、ヨルダンへ行くことにした。

沙貴さんは「ヨルダンにはペトラ遺跡っていう、すごい遺跡があるのよ」と教えてくれた。ペトラ遺跡は、映画『インディージョーンズ・最後の聖戦』のロケにも使われた場所で、行く前に予習として観ておくことにした。

そして、映画『アラビアのロレンス』もヨルダンを舞台にしたノンフィクション映画だと知った。この映画は、第一次世界大戦中、一人のイギリス人将校がベドウィンたちを率いてトルコ軍と戦うというストーリーで、ヨルダンの砂漠でそんな戦争があったということをはじめて知った。

他にもいろいろと調べていると、旧約聖書に出てくるモーゼが、イスラエルの民を率いてエジプトから脱出してシナイ半島をさ迷い、その後、ヨルダンのネボ山という地で亡くなったとされていることも知った。今ではその場所に教会が建っているという。

ヨルダンって死海の他にもいろいろとおもしろそう、というのが私の印象だった。

すべてがアラビア語

ヨルダンの首都アンマンの街は、全体的に緑が少なく、建物も土色である。街中に女性たちの姿は少なく、たまに歩いていても真っ黒なヘジャブで全身をおおっている。街を歩く男性たちの顔は彫りが深く、顔立ちはりりしい。

男性は、シャツにズボンといった普通の服装の人も多いが、年配の男性はいかにもアラブ人という服装である、「トゥーブ」というスソが足首まである白いワンピースを着ている。頭には「カフィーヤ」と呼ばれるスカーフをはおり、その上を「イガール」という黒い二重になった輪っかで押さえて落ちないようにしている。この「トゥーブ」、「カフィーヤ」、「イガール」といった呼び方は、どうやら国によって違うようだ。

ヨルダン人は、トルコ人のように観光客に陽気に声をかけてくることはなく、日本人の私に対してもチラっと見るだけでなんの興味もなさそうな感じだった。ヨルダン人はけっこうクールというのが私の第一印象だった。

街中を散策しているとにぎやかな路地に出た。その路地は「スーク」と呼ばれる市場で、商店が集まっていて、いろいろな物が売られており、とても活気がある。店の人は男性ばかりで、買物をしているのもなぜか男性で、市場なのに女性の姿はほとんどなかった。

ホテルに戻ってそのことを従業員に言うと、買物は男性の仕事なのだという。イスラムの国のお父さんは仕事をしたり、買物をしたりと実に働き者のようだ。

街の看板に書かれている文字は、今まで見たことがないアラビア文字ばかりで、何が書かれているのかさっぱり分からない。数字でさえ、私たちが使っている「0、1、2、…」という算用数字ではなく、数字なのか文字なのかの区別さえつかない。

物の値段を聞いても、アラビア語で答えられるのでさっぱり分からず、買い物の時はメモ紙を出して算用数字で書いてもらっていた。算用数字は世界共通だと思っていたが、そうではなかったのだ。

ややこしいが、「0、1、2、…」の算用数字は、実は正式名は「アラビア数字」という。日本だけではなく、英語圏でもそう呼んでいる。

それなら、アラビア文字の数字はいったい何と呼ぶのだろう？　なぜ、アラブ社会以外で使われている数字のことをアラビア数字と呼ぶのだろう？　疑問に思っていると、トルコで知り合ったトムがその後、私の疑問を解いてくれた。

私たちが使っている算用数字は、アラビア数字が変化しながら世界に広まっていったものらしい。形は変わりながらも、呼び方だけがそのまま伝わり、アラビア数字と呼ばれているそう

算用数字	0	1	2	3	4	5	6	7	8	9	10
アラビア文字の数字	٠	١	٢	٣	٤	٥	٦	٧	٨	٩	١٠

だ。言われてみると、アラビア文字の数字と算用数字は似ている部分もある。

アンマンの街を少し歩くだけでも、見るもの全てが目新しかった。

異国だ‼　これぞ私がイメージしていたイスラムの国だ。

はじめて見る独特な文字や見慣れない服装の人々の中に自分がいることが不思議で、テレビの中にポツンと迷い込んだかのようだ。そして、そのことが嬉しくてたまらない。本当に異国に来たことを実感し、暑いのに私の背筋はゾクゾクしていた。

砂漠ならではの衣装

アンマンのお土産屋に立ち寄ると、男性が頭にかぶるカフィーヤと豪華なイガールが売られていた。私がそれを試着すると、店員や通りすがりの人に大ウケだった。暑いヨルダンでは日差しがきつく、帽子だけだと首や顔がすぐに日焼けしそうだったので、布を巻いた方が日焼け止めにもなってちょうど良いと思い、そのカフィーヤとイガールを買うことにした。カフィーヤは帽子と違って適度に風が入るので、とても便利で快適な代物である。

カフィーヤをかぶって街を歩いていると、周囲の人の反応がとても良く、最初に感じていたヨルダン人のクールさがウソのようだった。親しみを感じてくれるのか、たくさんの通りすがりの人があいさつしてくれたり、「ヨルダンへようこそ！」と英語で言ってくれたりした。この言葉を聞くたびに、この国に来て良かったと思えた。

街を歩いていると、店に女性用のきらびやかな服が飾られていた。規律の厳しいイスラム社会では、女性はヘジャブで全身を頭からおおっているが、その下にこんなきらびやかな服を着ているなんて想像できない。

女性用の服は、体の線が出ないような首から足首まである長袖のワンピースがほとんどで、胸元にきらびやかな細いリボンが縫い付けられている。服の形自体はどれもほとんど同じだが、胸元のデザインがいろいろ異なっていて、色も赤やオレンジ、紫、緑と豊富で、バリエーションが多彩である。

私が女性用の服に興味を示していると、店員が「着てみたら？」と勧めてくれた。

私は、今まで見たことのないアラブ人女性の服が気に入り、買うことにした。その服は、ノースリーブのインナーとその上にはおる長袖が二枚重ねになっていて、生地はぶ厚いが、体のどの部分にも締め付けがないので、足元から風が入り、二枚重ねでもズボンとTシャツよりよっぽど涼しかった。

私はその服をとても気に入り、さっそく着替えることにした。さらに、さっき買ったカフィーヤも頭に巻き、私はすっかりヨルダン人になりきった。

暑い砂漠の国では湿気がなく、直射日光も強いので、半袖だと肌が焼けてヒリヒリ痛くなってくる。だから、肌を守るためにも長袖の方が良い。イスラムの教えで「肌を出してはいけない」とあるが、イスラム教が広まった中近東では日差し

私が買った民族衣装

が強いので、長袖の方が良いということなのかもしれない。

私たち日本人は明治時代以降、西洋の服を着るようになったが、こういう民族衣装はやはり土地それぞれの特徴に合った、理にかなったものなのかもしれない。

体が浮く！　浮く！　死海

ヨルダンの旅の目的地の一つである死海に向かった。死海は海抜マイナス三〇〇メートル、世界で最も低いところにある湖である。

湖畔へはミニバスで細い坂道を下って行く。その坂道は傾斜がとても急で、ジェットコースターの急降下がずっと続くような感じだ。ブレーキをかけながら延々と下っていくので、途中でブレーキが壊れたらどうしようと心配になった。

そして、やっと夢にまで見た死海に着き、急いで水着になって湖の中に入ってみた。見た目は普通の湖だが、少し水をなめてみると、しょっぱいを通り越して、なんとも表現しようがないすごい味がして、一瞬で舌がマヒして吐き出してしまいそうだ。

さらに死海の中を歩いて進んで行くと、最初は真水とあまり変わらない感覚だったが、腰ぐらいの深さを過ぎたところで体が急にフワっと浮いた。

「わー！　なにこの変な感覚!?」

おもしろいほど体がプカプカと浮く。試しに立ってみようと、必死に体を縦にしようとがんばっても、体がクルンと向きを変え、足から勝手に浮いてラッコ状態になってしまう。今までに体験したことのない感覚がおもしろくてたまらない。

ずっと浮いていたかったが、あまりの塩分の濃さで、皮膚がピリピリ、チ

死海で浮く私

クチクと突き刺すように痛くなり、三分間も入っていられない。皮膚がおかしくなりそうだったので、結局数回しか死海の中には入れなかった。

あまりの痛さに耐えかねてあわてて岸に上がっても、当時まだ死海は観光地化されておらず、建物も何もなく日陰がほとんどなかった。岸に上がると、強い日差しで濡れた体が一瞬にして乾き、同時に全身に塩が吹き出した。

太陽の強い日差しを避けるには、バスタオルで皮膚を隠すしかなく、私は日差しが体に突き刺さるという痛みをはじめて体感した。死海は海抜が低く、すり鉢の底状の巨大な盆地になっているので、普通の砂漠よりもさらに日差しが強烈だった。

地面からの照り返しも激しく、バスタオルで体をおおっていても、下半身の皮膚がジリジリと焼け、痛くてたまらない。さらに、強烈な日差しで熱せられた地面は、裸足ではまともに歩けず、まるで熱い鉄板の上を歩いているようだった。

岸の近くにドラム缶が置いてあり、ヨーロッパ人観光客たちが、そのドラム缶の中にある真っ黒な泥を全身に塗りたくっていた。そう、これこそが高級エステでも使われている本物の「死海の泥」である。泥を塗ったら強烈な日差しから皮膚を守れるのではと、私も試しに塗ってみた。すると、針で全身を突き刺すかのような強烈な痛みが襲った。その泥にも死海の塩分が大量に含まれているのだ。あまりの痛さにあわててすぐ洗い流しても、結局洗い流すのも死海の水なので、また痛くて痛くて……。

そんな中、中学三年の時に見た教科書の絵そのままに、いつまでもプカプカと浮かびながら読書をしているヨーロッパ人もいた。ヨーロッパ人は皮膚が強いのだろうか。

死海では何をしても肌が痛かった。これが夢にまで見た死海の、私の感想である。

ペトラ遺跡

アンマンからペトラへは、バスに乗って約四時間で行くことができる。アンマンから南下すると、道中は三六〇度全く緑がない砂漠の中に、延々と一本の道があるだけである。

ヨルダンの国土は、八割が荒涼とした岩山と砂漠で占められている。普通の日本人が砂漠といってイメージするのは、サラサラの砂の砂漠だろう。でも、ここヨルダンの砂漠は、岩山と石がゴロゴロしている荒地の砂漠である。

窓の外を眺めていると、放牧されているのか野生なのか分からないが、ラクダが数頭ゆっくり歩いている姿が見え、砂漠の国に来たことを実感した。

ペトラ遺跡は、標高一〇〇〇メートルの場所にある東京二三区ほどの広さの広大な都市の遺跡で、今から二〇〇〇年前に建築されたといわれている。「ペトラ」とは、ギリシア語で「岩」という意味で、その名のとおり都市は岩だけで造られている。

これまで、ペトラでは点在する七百もの遺跡が発見されているが、それは全体のほんの一パーセントにも満たないらしい。そのため、一体誰が何のために砂漠の真ん中にこんな広大な都市を造ったのか、私が行った当時、その理由はまだはっきり分かっていなかった。でも、研究が進められ、その謎は徐々に解明されつつある。


ペトラにはじめて定住した民族は、紀元前六世紀頃にアラビア半島の西からやって来たナバティア人といわれている。ナバティア人は、紀元前三世紀頃からアラビア諸国との交易で経済的に力を持ち始め、エジプトからシリアのダマスカスへの中継地点になるここペトラで、この地域を通るキャラバンの安全を保障する代わりに、通行税を徴収していた。

そして、その収入で莫大な富を築き、紀元前一世紀頃からペトラは中継地として栄え始め、都市を形成していった。

最盛期の一世紀頃には、三万人ものナバティア人が平和に暮らし、軍隊も備えていて、ダマスカスまでを範囲とする王国を築いていたという。

一〇六年にローマ帝国に征服され、その後交易ルートが変わると、ペトラは徐々に衰退していった。三六三年に襲った大地震で多くの建物が崩壊し、六世紀にはペトラにはほとんど人が住まなくなり、その後は人々に忘れられ、砂に埋もれて廃墟となった。

ナバティア人が平和に暮らしていた頃のペトラでは、恐れられていたことがあった。それは、十一月から三月の雨季に、この地域一帯に年数回降る雨である。その雨水が普段は水が流れていない川（ワジ）を鉄砲水となって流れ、その水が一気にペトラにも流れ込む。

一九六三年にも鉄砲水がペトラを襲い、二五人もの観光客が亡くなった。ナバティア人は、この鉄砲水から街を守るためにダムを造っていて、紀元前一世紀頃に造られたダムの遺跡がペトラで発見されている。そのダムは、流れてくる鉄砲水を街から迂回させると同時に、貯水ができるようにも工夫されていた。

それだけではなく、ナバティア人は、ダムによって貯水された雨水と、二キロほど離れたワディ・ムーサという街にある泉から水路で引いてきた水を、地下水路によって街全体に縦横無尽に年中流れるようにしていた。水路には水をろ過する装置まで作られていたり、ダムや貯水槽を使って水の量を調節したりしていた。

今ではもう水路に水は流れておらず、ペトラには全く緑がないが、雨季に年数回しか雨が降らないにもかかわらず、その当時は水に困ることもなく、巧みに水を使うことで緑におおわれ、たくさんの農作物が収穫できたそうだ。

ペトラについては、長い間ヨーロッパ人の中である伝説が語り継がれていた。それは、「この砂漠のどこかに、聖書にも出てくる幻の都がある」というもので、ヨーロッパ人たちはその幻の都ペトラに財宝が眠っていると信じて、その場所を探していた。その場所がベドウィン（遊牧民）たちの聖地として伝えられていることまでは突き止められたものの、ヨーロッパ人に見つけられないよう、地元のベドウィンはその場所を黙っていた。

一八一二年、ペトラの話を聞きつけたスイス人の探検家がそれを知り、アラブ人の服装に身を包んでベドウィンのところへ行った。そして、彼は「僕はあなたたちと同じ神を信じる者として、聖地に行き、祈りを捧げたい」と、ベドウィンを騙して遺跡へと案内させた。

こうして、一五〇〇年もの間忘れ去られていたペトラ遺跡の存在が、はじめて世界に伝えられた。

なぜペトラ遺跡が簡単に発見されなかったかというと、遺跡へ通じる道がたった一つしかなく、周囲には似たような岩山が多いので、その道を見つけるのが困難だったからである。さらに、その岩山と岩山の間の道を約二キロも奥へと進まないと、遺跡までたどり着くことができない。

確かに、観光客がゾロゾロとその道に入って行くのを見なければ、そこに奥へと続く道があるとは分からない。

その岩山と岩山の間の道は「シク」と呼ばれ、水の浸食作用によって作られたのでクネクネと曲がっている。シクは、狭いところでは幅が三メートルもなく、両側に切り立つ岩山の高さは約百メートルもあり、太陽の日差しが差し込まない場所もたくさんある。このシクによって、ペトラ遺跡は長い間ヨーロッパ人の発見から逃れてきた。

太陽の日差しが差し込まないシクを歩いていると、このまま永遠にこの道が続くのではないかという不安にかられる。そして突然視界が開け、岩山に彫られた巨大な美しい神殿風の建物が目の前に現れた。太陽の日差しが当たり、その建物は黄金色に輝いている。

真っ赤な赤土の岩肌を浮き彫りのように削って造られたエル・カズネの遺跡は、その色が時間によって変わり、日中は黄金色に輝き、夕方には真っ赤に染まる。

その建物は、岩山を彫って造ったものとは思えないほど優雅だった。映画『インデイージョーンズ』で見たイメージよりもはるかにすばらしく、私は思わず息をのみ、こんなに美しい遺跡があるなんて……と、時間を忘れていつまでも見続けた。

エル・カズネは、ベドウィンの言葉で「ファラオの宝物殿」という意味で、高さ四一メートル、幅三二メートルの建物で、一世紀頃に造られた。内部には装飾が全くなく、正面と両側に三つの四角い部屋があるだけなので、何の目的で造られたものか長い間分からず、葬祭殿や迎賓館、墓といった説があった。

当時有力だったのは、建物の外部の装飾に、エジプトにあるものと同様な宝を守る女神が彫られていたことから、宝物殿だという説だった。でも、ここから宝物は見

時間によって色を変えるエル・カズネ

つかっていない。

その後、二〇〇三年春に、何もないと言われてきたエル・カズネの地下に空間があることが分かった。そこから人骨が見つかったことから、近年、この建物は墓であるということが分かってきた。

エル・カズネの前には、六人ほどのベドウィンの警官が警備していた。でも、のんびりした感じで、主な仕事は観光客と一緒に写真に写ることぐらいのようだった。

彼らは、足首までスカート状になったベージュの軍服を着ていて、腰に太めの赤い革ベルトを付け、革ベルトのお腹の部分にナイフをさしている。腰の横にピストルを収めている人もいて、胸にはピストルの弾が並んだ赤いベルトがたすきがけにされていた。

彼らと少し話をして別れる時、「サラバジャー」といきなり言われた。きっと日本人の観光客がふざけて教えたのだろう。その後、他の中近東の国々でも、「サラバジャー」と言われたことが何度もあった。私もそのたびに「サラバジャー」と言い返し、笑顔で手を振った。アジアの国々では普通に「サヨナラ」と言われるのに、なぜイスラム諸国で「サラバジャー」が広がったのか不思議でならない。

その後、トルコで知り合ったトムから聞いた話では、アラビア語には「ヨ」という音がなく、アラブ人は「ヨ」の発音が苦手な人が多いらしい。だから、「ヨ」がない「サラバジャー」を教えたのではないかということだった。


エル・カズネの先にある広い都市遺跡のエリアに入っていくと、街の中心には石が敷き詰められ、道の両側に柱が立ち並ぶ、「柱廊通り」と呼ばれる直線の広いメインストリートが造られていた。

通り沿いには当時、商店が立ち並び、エジプトやメソポタミア地方から運ばれてきた交易品が売買されていたといわれている。

ある屋敷の跡には、きれいなモザイク画が床に敷き詰められていて、タイルでおおわれた床の下には床暖房設備まであった。

野外劇場の遺跡には、六〇〇〇人もの人が収容できる巨大な古代ローマ風の円形劇場があり、当時の人々は、そこで歌や踊りや演劇を楽しんでいた。

今でも当時の状況を彷彿とさせる遺跡を見ていると、二〇〇〇年もの昔の人々は、私たちが想像しているよりも、もっと裕福な暮らしをしていたのかもしれないと思えてくる。

広大なペトラ遺跡の一番奥にあるエド・ディルの遺跡へと移動した。エド・ディルはペトラで最も高い場所（標高一一五九メートル）にあるペトラ最大の神殿の遺跡で、その規模はエル・カズネよりも大きい。

神殿は険しい岩山の山頂に築かれ、そこに行くには狭い山道の階段を延々と登っていかなければならない。階段の途中には、人が一人通れるかどうかというほど狭い所もあった。

いつまで登っても頂上が見えてこないので、一段と疲れが増してくる。降りてくる人に「あとどれくらい?」と尋ねると、「まだまだ!　でも、登りきったら感動が待っているよ」とみんな励ましてくれる。階段の勾配は緩やかだが、延々と続くせいか、いつもは元気なヨーロッパ人たちもみんなヘタっていた。

何度も休憩しながら登り続けて一時間以上たった頃、やっと頂上にたどり着いた。そこには、辺り一帯のゴツゴツした岩山の一部をくり抜いてできた美しい神殿があった。

「登りきったら感動が待っている」と励まされて一生懸命登ったが、疲れとのどの渇きの方が勝ってしまい、エド・ディルを見て感動するより前に、向かいにある売店へ直行し、イスに座り込んで冷たいジュースを一気飲みした。こんな場所に冷え切ったジュースがあることに驚きながらも、私は冷たいジュースでのどをうるおし、一息ついた。

ようやく体も落ち着き、売店の日陰から改めてエド・ディルをぼーっと眺めた。今から二〇〇〇年も昔、よくこんな険しい山の上の岩山を削って神殿を造ったものだ。

エド・ディルはナバティア人が祈りを捧げていた神殿で、その前は大きな広場になっていて、最盛期には何千人もの人々が集まったとされている。

エル・カズネやエド・ディル、そして野外劇場や水路などを造ったナバティア人は、いったいどんな人々だったのだろう？　地震で街の中心部は崩壊しているが、全盛期の街並みはどんなものだったのだろう？　ナバティア人はどこに行ってしまったのだろう？　現在もナバティア人の末裔といわれる人は確認されていない。

ペトラ遺跡の全貌はこれからも徐々に解明されていくと思うが、まだまだ謎が多く、興味は尽きない。

ベドウィンの女の子たちとの出会い

ペトラ遺跡をくまなく見回っていると、子供がロバに乗っているのを見かけた。写真を撮ろうと追いかけて行くと、ベドウィンの昔の住居跡の岩穴に着いた。その近くでは、民族衣装を着たベドウィンの女性五人が食事をしていた。

その中にいた二人のおばあちゃんが、一緒に食事しようと私を手招きしてくれた。おばあちゃんとは言葉が全く通じなかったが、若い女の子たちは片言の英語を話すことができた。彼女たちは、おばあちゃんの言葉を三人がかりで単語を教え合いながら通訳してくれた。片言英語の会話でも十分お互い言いたいことが伝わり、話は盛り上がった。

ごちそうになった食事は、トマトソース味の豆料理と、ナンのような丸くて薄っぺらいパンだった。食後にはチャイもごちそうしてくれた。小さなガラス瓶にお砂糖をたっぷり入れたチャイを注ぎ、茶葉が底に沈んでから飲む。砂漠の土地では、チャイの甘さが暑さで弱っている体を癒してくれるのだろう。

食事が終わると、女の子たちが「良い場所に連れて行ってあげる」と言うのでついて行った。垂直に高くそびえる岩山の岩肌を削って作られた急な階段を上ると、その中腹に掘っ立て小屋の休憩場所があった。そこには一組のテーブルと椅子が置かれていて、どうやらカフェのようだ。

こんな所まではあまり客も来ないようで、店番をしていた十五歳と十歳の姉妹は突然の来客にとても喜び、私の黒髪に興味を示し、髪の毛をいつまでもといてくれた。彼女たちも同じ黒髪だったが、太くてごわごわしているからか、私のような細いストレートの黒髪を触るのははじめてのようだった。

どこの国でも女の子はおしゃれ好きで、彼女たちは曇ってまともに映らない割れた小さな鏡を出し、化粧を始めた。化粧といってもファンデーションなどはないので、アイメイクだけである。墨をビンに入れ、つまようじのような木の細い枝に墨を付け、その枝を下まぶたに当てて、そのまま目を閉じてゴシゴシとこする。すると、アイラインのように目のまわりが真っ黒になる。それが彼女たちのメイクのようだった。

私にもするよう彼女たちからすすめられたが、木の細い枝を目のそばに当てたままゴシゴシこするなんて怖すぎる。でも、みんなの勢いに押され、私も恐る恐る細い枝を下まぶたと目のきわに当て、目を閉じて少しだけゴシゴシとこすってみた。でも、うまくできず、パンダのように目のまわりが真っ黒になっただけだった。

仲良くなったそのベドウィンの家族は、さっき食事をしていた場所の岩穴で、一九八六年頃まで生活していたそうだ。でも、ペトラ遺跡が国の保護区になり、政府によって強制的に別の場所に移動させられたので、日中だけ前の家があった場所に戻り、そこでお土産を売っているらしい。

そのベドウィンの家族だけでなく、他のベドウィンたちも、昔自分たちが住んでいた岩穴の前でお土産を並べ、店を出しているということだった。

予定では、ペトラ遺跡は一日でひととおり見て、翌日には別の街に移動するつもりだった。でも、彼女たちに、「私たちの家に泊まれ」と何度も誘われ、私も彼女たちともっと一緒にいたいと思ったので、予定を変更して次の日の晩に泊まらせてもらう約束をした。

翌日の夜、約束どおりベドウィンの家族の家に泊まりに行った。

家はコンクリートでできた四角い形の建物で、玄関から入ったリビングのような広い部屋にはテレビもあった。調度品はなく、みんなコンクリートの地べたに座布団のようなものを敷いて座っていた。

女性たちは、みんな片方の八重歯が金歯になっていて、笑うとその金歯がピカっと光る。きっと、金歯はベドウィンたちのおしゃれの一種なのだろう。

家には子供や赤ちゃんがたくさんいて、誰が誰のお母さんなのかさっぱり分からない。いったいこの家は何人家族なのだろう？　聞きたくても英語は通じず、ジェスチャーでも伝えることができなかった。人間の子供の他に子猫までいて、家の中はとてもにぎやかだった。

　私がはじめに出会ったおばあちゃんは、実はその一家の母親で、私が家を訪問したことをとても喜んでくれた。そして、胸元にきれいな刺繍の入ったお母さん手作りのベドウィンの民族衣装を私にプレゼントしてくれた。でも、その服は何年間も同じ服を着続けている浮浪者のような、汗くさい強烈なにおいを発していた。

　着るように言われて着てみたが、あまりのにおいに思わず顔が歪み、私の服にまでその悪臭が染み付きそうだった。私は作り笑顔でニコニコしながら、あわててその服を脱いだ。プレゼントしてくれたものの、申し訳なかったが部屋の隅にその服をそっと置いたままにしておいた。

　よく見ていると、どうやらここにはお母さんが二人いるようだ。イスラム教の国々は一夫多妻制であり、コーランによると奥さんを四人まで持つことができる。この家のお父さんには二人の奥さんがいるようだ。二人の女性が一人の男性を好きになるなんて、お母さん同士でケンカなど起こらないのかと思ったが、お母さん同士も同じ家族という意識が強く、お父さんを取り合うというような気持ちはないと言っていた。

今でも一夫多妻制は残っているが、第二次世界大戦後は都市部を中心に一夫一婦制が一般的になってきている。その傾向は地方に住むベドウィンたちの間にも徐々に広がってきている。

リビングはみんなが集まる共通の部屋になっていて、二人のお母さんの部屋はリビングをはさんで別々にある。子供たちもそれぞれ自分のお母さんの部屋に住んでいる。私は、二人のお母さんを持つお父さんを見たくて、それに、家に泊めてもらうのであいさつをしたいと思ったが、肝心のお父さんは家のどこにも見当たらない。

「お父さんはどこ?」と子供に聞くと、「外にいる」という答えが返ってきた。外で何をしているのかと思い、真っ暗闇の外に出てみた。家の前は広場になっていて、真ん中に焚き火があり、その横に黒いかたまりがあった。そのかたまりがどうやらお父さんのようで、近づいてみると毛布にくるまってもう寝ていて、顔を見ることはできなかった。

家族の男性陣はというと、小さい男の子は母親と一緒に家の中にいたが、小学生の高学年にもなると成人したお兄さんと一緒に行動するようで、家の中にはいなかった。

彼らは、ペトラ遺跡で観光ガイドやパトロール、お土産屋などの仕事をしていて、夜はそのまま別の場所に男性たちだけで集まっているのか、寝る頃になってやっとみんな家に帰ってきた。でも、私に少しあいさつをするとすぐに家から出て行った。

一人の女の子が、汚れたボロ布を指に巻いて痛そうにしていた。どうやら指を切ったらしい。そんなボロ布を巻いている方が雑菌が入りそうだったので、持っていた切り傷用の薬で消毒し、バンソウコウを貼ってあげた。

すると、みんなバンソウコウを見るのがはじめてのようで、「これは何⁉」と大騒ぎになった。たちまち彼女はみんなの注目を集め、その女の子はバンソウコウに大喜びし、高級な指輪をはめたかのようにいつまでも大切そうに眺めていた。

リビングでジェスチャー大会のようにしてみんなと話をしていると、一人、二人と、部屋から布団や枕を持って家から出て行く。気が付くと、たくさんいた家族のほとんどが家の外へと消えていた。私は不思議に思い、残っていた子供の一人に「みんなどこへ行ったの?」と聞くと、「みんな寝た」とジェスチャーで答えてくれた。

どうやら、ベドウィンの家族は家の外で寝るらしい。私と話をしていた子供も、寝ると言って外に出て行ってしまった。そして、コンクリートの家の中には私一人だけが取り残された。

　家の中が急に静かになり、寂しくなって外に出ると、蒸し暑い家の中とは全く違い、外は涼しくて快適だった。家の中よりも外で寝た方が気持ち良さそうだったので、私も布団を抱えて外に出た。外は真っ暗で、目が慣れるまで闇の世界そのものだ。だんだん目が慣れてくると、足元のあちこちでみんなが布団を敷いて寝ているのがぼんやりと見えてきた。

　空いている場所に布団を敷いて寝転がると、今まで体験したことがないような開放感を味わうことができた。屋根のない屋外で寝たのは生まれてはじめてだったので、その気持ち良さに感動した。音も人工の光も何もない中、布団に入って上を見ると満天の星空が広がっていて、目を閉じるのがもったいないほどだった。

　ベドウィンたちは、十年ほど前までペトラの洞穴で生活していたが、その当時も寝ていたのは洞穴の外だったという。今もその時のように外で寝る習慣が続いていて、家の中は暑くて窮屈で嫌だと言っていた。ベドウィンたちが毎日こんなに気持ちの良い寝床で寝ているなんて、うらやましいとさえ思えた。

そういえば、みんなシャワーも浴びず、服も着替えることなく、そのまま寝ていた。日中は暑いものの、日が暮れて夜になるとすごく寒く、風呂好きの私もまぁ一日ならガマンしようかと思ったが、みんなはどれくらいの間シャワーを浴びていないのだろう？　だから、プレゼントしてくれた服も長年の汗のにおいが染み付き、悪臭を発していたのだろう。もしかしたら、あの服は今まで一度も洗ったことがないのかもしれない。やっぱりあの服はあのままここに置いて帰ろう……。

砂漠の結婚式

映画『アラビアのロレンス』の舞台となった砂漠に行ってみたいと思っていた私は、ワディーラムと呼ばれる地域へと向かった。そこは赤い岩肌のゴツゴツとした岩山と、石がゴロゴロとした砂漠が広がっているだけの場所である。観光客は、その地域に一ヵ所だけあるツーリストハウスの屋上か、その横にあるテントで宿泊することになる。

ワディーラムに住むベドウィンたちは、男性はみんな白いトゥーブ（足首まであるワンピース）に身を包み、頭にはカフィーアをかぶっていて、いかにもアラブ人といった感じである。トゥーブの下にはズボンをはいているが、それはジーンズなどではなく、風通しが良い部屋着のようなものである。

ワディーラムで知り合った、日系三世ブラジル人のみつる君に、「今晩ベドウィンの結婚式があるらしいよ。一緒に行かない？」と誘われた。「夜に結婚式？」と思ったが、ベドウィンの結婚式に参加できるということでワクワクして、行くことにした。彼は砂漠を駆け巡るジープツアーに行った時、ベドウィンのドライバーに結婚式に誘われたようだった。

結婚式場まで歩いて行くのかと思っていると、日がすっかり沈んだ八時過ぎに迎えのジープが来た。その荷台に乗って、砂漠の暗闇の中をはるか遠くに見える灯りに向かって走って行く。その灯りは、結婚式に出席する他のベドウィンの家で、その家からも何人かの若者が乗ってきて、また砂漠の暗闇を走った。

ふと気付くと、私は集団の中で唯一の女性で、一緒だったみつる君と飯村さんという日本人とも座る場所が離れてしまい、周囲を無表情なベドウィン男性たちに囲まれ、急に不安になってきた。その中に一人、ハンサムな二〇代前半と思われるベドウィンがいた。私と目が合うと、彼は優しく微笑んでくれ、恐怖心が少し和らいだ。

けっこうな距離を走ると、あたりが渋滞し始めた。「こんな砂漠でなぜ渋滞?」と思っていると、そこは結婚式場の駐車場だった。駐車場といっても、砂漠の中にただ車がたくさん停まっているだけである。車の荷台から降りようとすると、さっきのハンサムな彼が私に手を差し伸べてくれた。彼の名前はシャフィーンといった。

結婚式会場では真っ暗な中、ベドウィンの男性たちが一列になって手拍子を打ち、何やら歌っていた。その前では二、三人の女性が黒いベールをふわふわさせながら踊っていて、その姿は蝶のようにも見えた。女性たちの体が大きく動くたびに、黒いヘジャブの下に着ている黄色や赤などの鮮やかな色の服がチラチラと見え、なんとも妖艶だ。

私も男性たちの列に混じり、意味の分からない歌をみんなに合わせて適当に歌っていると、なんだかお腹がすいてきた。そういえば今日は朝からまともに食事をしていない。そう思うと急に力が抜けてきて、隣で歌っていたシャフィーンに言った。

「お腹がすいたよー」

「前のテントに行けば、食べ物がたくさんあるよ」

それを聞き、空腹の日本人三人は喜んでそのテントに行った。

ダンスをしている女性の後ろには大きなテントがあり、そこには女性と子供たちがいた。そのテントに行けば料理があり、新郎新婦もいるのかと思って行くと、新郎新婦はおらず、料理もない。そこにいた女性に聞いてみた。

「新郎新婦はどこにいるの？」

出席するベドウィンの男性に混じって

「二人はここにはいない。家にいる」

結婚式なのに本人不在⁉　そんな結婚式があるのかと驚いた。

そのテントには、赤い絨毯が敷きつめられ、骨董品のような昔ながらのアラビア風の壺や、クッションなどがあった。どんな料理が出てくるのかと楽しみに待っていたが、結局いつまで待っても料理は出てこなかった。私たちは空腹のあまり元気がなくなって、もう帰りたくなっていた。

シャフィーンのところに戻り、催促した。

「いつ帰るの？」

「さっき来たばっかりじゃないか。結婚式はこれからだよ」

と、まだまだ帰りそうな様子はない。そうか、結婚式はまだ始まっていなかったのか、だから新郎新婦がまだ来ていないのか、と納得し、私たちは空腹を我慢して結婚式の本番が始まるのを待った。

でも、いっこうに新郎新婦は来ない。シャフィーンに「まだ？」と何度聞いても、「結婚式はこれからだよ」と言われ続け、気がつけばもう夜中の三時になっていた。

砂漠の結婚式は新郎新婦不在のまま、夜が明けるまで続いた。

ベドウィンたちに、「明日は他の部族も来て、もっと盛大な式になるからまたおいで」と誘われた。翌日には他の街に移動をしようと思っていたが、他の部族や新郎新婦を見てみたかったので、私たちは予定を変更し、砂漠でもう一日過ごすことにした。私はシャフィーンと仲良くなり、翌日会う約束をして別れた。


翌日、シャフィーンは友達と一緒にラクダを連れて来てくれた。私は、はじめてラクダを間近にじっくり見ることができ、大感激だった。ラクダの目はいつも眠そうな感じで、まつ毛は長く、何かを食べているかのように常に口をムシャムシャ動かしている。

私がそれまでイメージしていたラクダはふたこぶラクダだったが、中近東のラクダはひとこぶで、か弱い感じがする。後で調べると、ふたこぶラクダはアジア北部に生息し、長い毛におおわれていて寒さに強く、中近東や北アフリカに住むひとこぶラクダは、体の色が白っぽくて毛は短く、暑い砂漠に適しているらしい。

シャフィーンの友達が木の枝でラクダの足をペチペチ叩くと、ラクダは悲痛な声を上げながら、面倒くさそうに片足ずつ折り曲げてしゃがんだ。そして、私がラクダの背中に座るやいなや、急に前足から立ち上がったので、私は後ろにひっくり返りそうになり、無我夢中で鞍にしがみついた。すると、今度は後ろ足を急に立たせたので、一気に前のめりになり、私の首はムチ打ち状態になった。

ラクダの背中は高く、目線は地上から三メートルほどの高さで、馬に乗った時の目線よりはるかに高い。

ラクダの胴は馬より太く、乗馬と同じように背中をまたいで座ると体が固い人は股が痛くなるので、鞍に片足だけ引っ掛けて足を組むような感じで座った方が楽だ。映画『アラビアのロレンス』の中で、ロレンスがはじめてラクダに乗る時に、ベドウィンに座り方を教わるシーンがあり、この座り方が出てきた。ラクダの歩みはゆっくりで、ほどよい揺れがなんとも心地良い。

シャフィーンたちは、私をツーリストハウス裏の岩山のふもとにある湧き水へと連れて行ってくれた。そこでは、岩山の割れ目から水がしみ出していた。「これは、貴重なベドウィンの水だ」と、シャフィーンはつぶやいた。

ポタ、ポタとゆっくり落ちる水はコンクリートの貯水槽にためられ、そこから私たちが泊まっているツーリストハウスまでパイプが続いていた。私たち観光客は、こんなポタポタとしか落ちてこないベドウィンの貴重な水を、何も気にせずに蛇口をひねって使っていたのだ。私は、「砂漠といいながら、水がちゃんとあるじゃない。これって地下水かな？」と、あまり気にせずに水を使っていた自分が情けなくなり、良心がとがめた。

奇妙なフランス人

泉に行った後は、車に乗り替えてドライブに出かけた。砂漠をけっこう走ったところで、シャフィーンが遠くを指差し、「ほら、あそこに人がいるだろう。今から彼女を迎えに行くんだ」と言う。

私には人影など全く見えないが、シャフィーンと友達は、「あそこに女の子がいるじゃないか」と何度も言う。私をからかっているのかなと思いつつ、十五分近く車を走らせると、かすかに何かが動いているような感じがしてきて、だんだん人が動いているのが見えてきた。

十五分も前からこれが見えていたということは、この人たちはすごい視力の持ち主だ！　そういえば、アフリカの人は視力が五・〇とか六・〇とか聞いたことがあるが、あれはやっぱり本当だったのか？

でも、こんな砂漠のど真ん中になぜ女性が一人でいるのか、不思議でたまらない。私にはまだどんな人か見えなかったが、シャフィーンは旅行者だと言う。旅行者なら、なおさらなぜこんな何もない砂漠にいるのだろう？

車はようやくその女性のところに到着した。すると、その旅行者はなんと二〇歳のフランス人の女の子だった。背は低く、高校生のようで、まだ幼い感じが残っている。彼女の荷物は寝袋と水のタンク、貴重品だけだった。

「ここで何をしていたの⁉」

「昨日、車でここに連れて来てもらって、泊まっていたの」

驚く私をよそに彼女はケロッと言った。彼女は丸一日たった一人でこの何もない砂漠で過ごしたらしい。私は、飄々としている彼女にあっけにとられた。

彼女を拾った後、車はベドウィンの村の貯水池で停まった。車から降りると、彼女は、いきなり服のまま池に飛び込んで泳ぎ始めるではないか。やることが大胆すぎて私はただ唖然とするばかりだった。彼女はカバンなど荷物を何も持っていなかったので、着替えはないはずだ。でも、そんなことはお構いなしである。

「あなたも泳げば？」と言われたが、「バスタオルもないし……」と私が尻込みすると、彼女は「おもしろくないわね！」という感じで、プイっと遠くの方へ泳いで行ってしまった。

思う存分泳ぎ、水から出てきた彼女は、ノーブラでTシャツ一枚しか着ておらず、上半身がスケスケだ。彼女は体の水気を拭きとることもせず、Tシャツのウエストの辺りをしぼっただけで、ずぶ濡れのまま何でもないかのように車に乗り込んだ。

車は荷台のあるジープなので、前一列しかシートがなく、ドライバーとシャフィーン、私と彼女の四人が一列に座り、車内はぎゅうぎゅう詰めだった。彼女はびしょ濡れのまま車に乗ったので、シートもビショビショだ。隣で座っている私は服や体が濡れ、いい迷惑だった。彼女はそんなことは全く気にしていない感じで、窓から上半身を出して風で体を乾かしていた。

夕方、ツーリストハウスに戻ると、スキンヘッドのヨーロッパ人女性が二人いた。どうやら今日ワディーラムに着いたようだ。

彼女たちは、唇やまゆ毛、おへそにピアスを開けていて、耳も数えきれないほどのピアスでおおわれ、おまけに腕にはタトゥーもあった。こんな砂漠には場違いなパンクな二人に驚いて観察していると、どうやら彼女たちもフランス人のようだった。

フランス人女性は個性が強いのだろうか？　たまたまかもしれないが、私はそう思わずにはいられなかった。

その日の夜、また昨日と同じメンバーで砂漠の結婚式へ行った。他の部族と新郎新婦を見るのを楽しみにして行ったが、他の部族といってもみんな服装が同じなので、私には違いが分からなかった。それに、新郎新婦はその日も姿を現さなかった。後で聞くと、ベドウィンの結婚式には新郎新婦は来ないものらしい。

シャフィーンや仲良くなった五、六人のベドウィンたちが、誰もいないもっと奥の砂漠へ車で行こうと誘ってきた。私は、「日本人も一緒なら大丈夫かな？」と十人ほどで暗闇の砂漠へと向かうことになった。

私がシャフィーンや日本人から離れると、暗がりなのをいいことに、他のベドウィンたちが数人、私に強引にキスしようとしてきた。その中でも、アブドラという男性は私が本気で嫌がっているのに、しつこく私の唇を奪おうとする。あまりにもしつこいので怒鳴ると、シャフィーンやみつる君たちが騒ぎに気付いて助けに来てくれ、私の唇は奪われずにすんだ。

結婚式場を離れてしばらく走り、明かりも何もない場所で車を止め、星空をみんなで見ていると、どこからともなく人が現れた。それは一人のヨーロッパ人女性だった。こんな何もない場所でいったい一人で何をしているのかと思ったが、そう思ったのはお互い様で、相手も「こんなところで何をしているの？」と驚いていた。

その彼女も、ベドウィンに砂漠の中に連れてきてもらい、一人で二四時間過ごすつもりらしい。彼女もフランス人だった。フランスでは砂漠で一人で過ごすのが流行っているのだろうか?

ワディーラムで出会ったフランス人女性たちは実に強烈だった。

アフリカを目指して二年

ヨルダンの最南端、紅海に面したアカバという街で、ホテルのルーフ(一泊約三〇〇円)に泊まった。ルーフとは、ひさしだけしかない屋上の吹きさらしの部屋のことで、そのホテルでは二〇個ほどのベッドが並べられていた。

そこに大阪出身の三吉君という日本人男性がいた。彼は、みつる君とどこかの街で一緒だったようで、久しぶりの再会を喜んでいた。聞けば、彼は私の家から徒歩一分もかからないすぐ近所の高校に通っていたそうで、地元の話で盛り上がった。

彼は高校の時、禁止されていたバイク通学をしていて、私の家のすぐそばにある公園の前にバイクを置き、そこから歩いて通学していたという。

「えっ、私、何年か前にバイクを置いてる人の姿を何度も見てたよ！」

「えー、それって絶対オレだよ！」

二人してローカルな話で盛り上がり、はじめて会ったというのに、久しぶりの友人と再会したかのように、アカバの地で興奮してしまった。

三吉君は、大好きだった彼女にいきなり一方的に別れを告げられて絶望し、それから死にもの狂いで毎日バイトに明け暮れたという。一年間で貯めた三〇〇万円を元手に旅を始め、日本を出てから二年間で、香港からアジアを横断し、アフリカの入口であるエジプトが見えるここアカバまでやっと来た。

二年間で使ったお金は約七〇万円で、続くアフリカの旅に必要なお金をきっちり残していた。もともとアフリカが目的地だったが、どうせ日本を長期間離れるのならアジアも見ておこうと旅をしていると、気がつくと二年が経っていたそうだ。

その間、同じ街に長期滞在していたわけではなく、小さな街に数多く立ち寄りながら旅していると、ここまで来るのに二年かかってしまったのだと言っていた。

アカバの風が吹き抜けるルーフから、彼はいつも力強い眼差しでシナイ半島を見つめていた。その姿は、本来の旅の目的であるアフリカを見据え、目標に向かって気を引き締めているように見えた。

彼はその後、アフリカをくまなく旅し、そのまま南米に上陸してカナダまで北上し、日本を出てから五年間の旅を終え、日本に帰って来た。そして彼は帰国後すぐ、NYで永住すると言ってまた旅立って行った。

危険なお土産屋

アカバはのんびりしたビーチリゾートの街だ。特に観光する場所もないので、ダイビングでもしようと、一人でダイビングショップを探しに街へ出た。

でも、日中のあまりの暑さに歩き回る元気もなくなり、場所を教えてもらおうとお土産屋に入ると、お兄ちゃんが一人で店番をしていた。彼は、客が来たのが久しぶりだったようで、とても歓迎してくれた。暑さにまいっていた私にイスと飲み物まで出してくれ、休憩がてら世間話をした。

彼は、私が帽子代わりにかぶっていたカフィーヤを見て、「巻き方をこうした方がいい」と、勝手に巻き方を変えた。私は日焼け防止のためにと、頭にかぶったカフィーヤを首にも巻き、顔だけが出るようにしていた。

でも、彼は横に垂らしていた布を持ち上げてイガールに巻き付けてしまったので、顔だけではなく首や頬まで露出してしまい、カフィーヤがターバンのようになって、インドのシーク教徒のような姿になってしまった。

そして、「そのカフィーヤなら、この服が似合うよ」と、前面に金色の刺繍がされた女性用のトゥーブを無理やり着せられ、金色の刀まで持たされて、「完璧だ！」と

この後、この男性に襲われたのだった……

写真をパチリと撮られた。

服も刀もベドウィンの骨董品のようで、店の品物はなかなか良いものばかりである。するると彼は、「君の好きなものをプレゼントするよ」と言った。

さっきからニタついていて怪しいとは思ったが、私はタダでもらえるならもらっておこうと思い、少し高そうなネックレスをリクエストした。すると、さすがに「それはダメ」と言われた。でも、小物や飾り皿なら良いと言ってくれたので、色彩がきれいな飾り皿をもらうことにした。

彼は、「もう一軒店があるんだ」と言い、四軒隣の店に私を連れて行った。その店はTシャツなどの服を置いているお店だった。でも、店は閉まっていて店員も誰もおらず、薄暗かった。

彼が「この中で好きなものをプレゼントするよ」とまた言うので、私は気に入ったTシャツを選んだ。すると、彼は私の後ろに意味もなくピタリと近寄って来た。そして、彼の口調がだんだん甘い感じに変わってきた。私は身の危険を感じ、ヤバい、早くここを脱出しなければと、Tシャツを握りしめて、急いで店から出た。

明るいお土産屋の店に戻り、まだ着たままだったトゥーブを急いで脱いでいると、彼がすぐに追いかけてきて、今度は私の後ろにピタッと体を密着させてきた！　その時、私は足首まであるきついトゥーブを下から上にまくり上げて脱いでいる最中だった。でも、カフィーヤが邪魔してなかなか脱ぐことができず、私はバンザイ状態のまま、どうすることもできなくなってしまった。

両手を上げて目隠し状態の私の体を、彼は好き放題に触り始めてきた！　逃げようと思ってもどうすることもできず、「わー、やめろー！」と叫んだが、周りの店は閉まっていて誰もいない。

彼はそれをいいことに私の服の上から腰を振り、固いものまで私の体に押し当ててきた！　彼はかなりの興奮状態で、目隠し状態の私の耳元でフガフガと荒い鼻息が聞こえる。

もうダメかもとあきらめかけながらも、こいつに好き放題させるなんて許せないと思い、もがきながら死にもの狂いでなんとかトゥーブを脱いだ。

そして、自分の荷物ともらった飾り皿とTシャツをわしづかみにして、店から走って逃げると、彼は何か叫びながら後ろから追いかけてきた。私は怖くなって無我夢中で炎天下を必死に走り、ようやくホテルにたどり着いた。

ホテルに三吉君とみつる君がいたので、興奮しながら今の出来事を話し、わしづかみにして持って帰ってきた飾り皿とTシャツを見せると、二人は唖然とした。

「そんなことがあったのに、Tシャツと飾り皿は持って帰って来たの?」

「あのまま帰ったら触られ損だし、何がなんでもと思って持って帰って来たの!」

そう言うと三吉君は、「君はどこででも生きていけるよ」と、わけの分からない言葉で励ましてくれた。

この時の飾り皿は、今も我が家に飾られている。

刑務所へ

アカバに滞在中、ワディーラムで仲良くなったシャフィーンがわざわざ会いに来てくれた。たった一日ぶりだったが、全く知らない国で友達ができ、その友達が遠く離れた街まで会いに来てくれたということが、私には嬉しくてたまらなかった。

シャフィーンだけではなく、他にも仲良くなったベドウィンたちも十人以上一緒に来ていて、ホテルの前はベドウィンだらけだった。

こんなに大勢のベドウィンたちがアカバに来たのには、他にも理由があった。ベドウィンの結婚式の夜、砂漠で私に何度も強引にキスをしようと迫って来たアブドラが、その翌日、スキンヘッドでピアスだらけのフランス人にも同じようなことをして大騒ぎになり、なんと逮捕されていたのだ。

あの少しコワもてのスキンヘッド女性にまでキスしようとしたなんて、無謀すぎて私は呆れた。のどかなワディーラムは私が去った後、アブドラの逮捕で大騒ぎだったらしい。

ワディーラムには刑務所がないので、アブドラはアカバの刑務所に連行されていた。昨日の晩から収監されていて、みんなで面会に来たらしい。

シャフィーンはアカバに住むいとこ夫婦と会う約束もあり、他のみんなとは別行動だった。他のみんなが面会に行った後、「今から面会に行くから、君も一緒に行こう」

と私を誘ってくれた。私は急な話にびっくりしたが、日本の刑務所にも行ったことがないのに、ヨルダンの刑務所を見学できるなんてと密かにワクワクした。

刑務所は、イスラエルとの国境近くの周りに何もない砂漠にポツンとあった。入口で身分証明書チェックと荷物検査をされた後、個室に入れられて女性警官に全身をくまなくボディチェックされた。

あまりの厳重な検査に思わず顔が笑っていたようで、女性警官に頬を真剣にビンタされ、「笑うな！」と怒られてしまった。そして、下着の下に隠していた貴重品入れまで一時没収され、やっと中へ通してもらうことができた。

通路の両脇には、映画に出てくるような鉄格子の個室の中に囚人が入れられていた。隅でうずくまっている人、鉄格子につかまって私に何か訴えかけてくる人、私に触ろうと手を伸ばしてくる人などがいて、中から出て来ることができないと分かっていても、少し恐怖を感じた。

アブドラは、一番奥の大きい鉄格子の部屋に入れられていた。その中には約二〇人が収監されていて、私たちが行くと大騒ぎになった。東洋人の女性が来たことで、みんなの視線は私に集中していた。

ここに入れられている人は何らかの罪を犯した人だからか、今まで見たヨルダン人とは違い、表情は険しく、目も鋭く見えた。そんな人たちに見られて、私はなんとも言えない恐怖を感じ、思わず後ずさりしていた。

アブドラはシャフィーンと私を見るなりとても喜び、鉄格子から手を差し伸べ、いつものように握手を求めてあいさつしようとしてきた。私はいきなりでビビってしまったが、シャフィーンは握手をして鉄格子をはさんで抱き合い、互いの頬に三度キスをした。私もそれを見て、少し腰が引けながらも同じようにあいさつをした。

シャフィーンはアブドラにタバコを差し入れ、密談のようにヒソヒソと小声で会話を交わす。その間、私は他の囚人からアラビア語で何かを必死に訴えかけられた。雰囲気や口調から察するに、「自分は無実だ」と私に助けを求めているようだった。

アブドラも私に言ってきた。

「僕は無実だ！　僕はあのフランス人にキスなんかしていない。君が警察に言ってくれたら僕は釈放されるから、僕の無実を訴えてくれ」

「いいや、アブドラならほんとにキスしたんじゃないの」

そう言うとアブドラはニタついていた。

日本人の感覚では、無理やりキスしたぐらいで刑務所に入れられるなんて信じられない、と思うかもしれない。でも、イスラム社会では男女は結婚するまで肌を触れてはいけないことになっているので、強引にキスをするなんてとんでもない話なのだ。

そんなこともあり、イスラム教徒の若い男性は欲求不満がたまる一方なので、イスラム教徒ではない旅行者に手を出すことが多いのだという。相手も了解していれば問題ないが、アブドラの場合は強引にキスしたので、スキンヘッドのフランス人が激怒し、胸ぐらをつかんでツーリストハウスのインフォメーションまで引っ張って行き、隣町から警察を呼んで大騒ぎになったらしい。

スキンヘッドのフランス人は大柄だったので、小柄なアブドラとは身長の差が二〇センチ以上もある。そんな身長差があるのに、何をどう思ってアブドラがそんな行動に及んだのかさっぱり理解できないが、あの強引なアブドラならやりかねないだろう。

アブドラはその後一週間刑務所に入れられることになっていた。これに懲りて、アブドラも少しは行動を慎むようになれば良いのだが……。

それぞれの旅

みつる君と三吉君がエジプトに発ってからのルーフは、たくさんのヨーロッパ人が一泊で入れ替わり立ち替わりするなど、人の出入りが激しかった。

その中に、三〇歳代と五〇歳代の日本人男性がいた。二人とも日焼けしていて、ボロTシャツと短パンにサンダル姿で、見るからに長期旅行者だった。三〇歳代のバックパッカーはさほど珍しくないが、五〇歳代は珍しく、それにその男性は表情がいつも沈んでいるように見えた。

気になって、私はその男性に話しかけてみた。すると、「半年前、突然会社をリストラされたんだよ」と彼は言った。当時は、バブルがはじけて景気が傾いてきた時期で、中年男性会社員のリストラが少しずつ話題になりかけていた頃だった。

「新しい仕事を探したけど、年齢が年齢だけになかなか希望に合う仕事が見つからなかったんだ。最初はすぐに仕事も見つかると思ってたから、家族には黙ってたんだ。でも、ウソをつき通すのもしんどくなって、家族に打ち明けたんだ。そしたら家族が急に冷たくなってね……。とうとう家にいられなくなって、家出同然で日本を出てきたんだよ。もう生きていくことにも疲れてインドに行ったら、そこでたくさんの長期旅行者と出会ったんだ。世界にはこんなに一人旅をしてる人がいたのかって驚いたよ。その人たちは、西を目指して旅をしてたから、自分もつられて気が付いたらヨルダンまで来ちゃってたよ」

一緒にいた三〇代の男性とはヨルダンに入ってから知り合ったそうで、その五〇代の男性は、出会った多くの旅行者の影響を受けながら旅をしていた。

「彼がエジプトに行くって言うから、一緒に南下しようと思ってるけど、その先はまだ何も考えてないんだ。最初は、もうどうにでもなれっていう気持ちだったけど、だんだん旅が楽しくなってきてね。今はエジプトに行くのが楽しみなんだ」

男性の顔から少し笑顔がこぼれた。日本を飛び出してから半年が経ったが、家には一度も連絡はしていないという。

「家族の人が心配してるんじゃないですか?」

「そうかもね……。最初はもう二度と家族と会うこともないだろうと思って家を出たけど、今は気持ちも変わってきたから、そのうち連絡するかもね……」

男性は旅に出たことで、少しずつ考え方が変わってきているようだった。

一人旅をしている人は、目的を持って旅をしている人が多い。でも、この男性は特に旅の目的がなく、今まで出会った人とは全く違っていた。その男性は旅を続けるにつれて閉ざしていた心を開き、そこで出会った全く知らない人に自分の気持ちを打ち明け、考え方も徐々に前向きに変わっていったのだろう。

一人旅をしていると、普通に日本で暮らしているとまず経験できないようないろいろな人との出会いや助け合いがあり、その人たちからお互い多くのことを学ぶことができる。そして、自分自身を見つめ直すこともでき、閉ざしていた人の心も徐々に解放してくれ、考え方も大きく変えることができる。

今回のヨルダン行きの直接のきっかけは、トルコ行きの時の機内で沙貴さんに神のお告げのように言われた、「ヨルダンに行きなさい」という言葉だった。

ヨルダンは、死海やペトラ遺跡、赤い岩砂漠のワディーラム、透きとおったアカバの海と、小さい国土にもかかわらず見所が豊富で、何よりも人々の優しさが心地良かった。そして、沙貴さんおすすめのペトラ遺跡は、話で聞いていた以上に美しかった。

死海やペトラ遺跡だけでなく、ベドウィンの家族と触れ合ったり、ワディーラムで砂漠の中の結婚式に参加したり、シャフィーンと行動をともにしたりと、現代のベドウィンの生活を少しだけ垣間見ることもできた。

今までの旅では、現地ツアーに参加して名所や遺跡などを見に行くことが多かったが、ヨルダンでは現地の人と触れ合うことができ、今までとは全く違う旅の楽しみを知ることができた。

砂漠では、ジープで広い大地を駆け巡り、夜は満天の星空に感動し、砂漠の素晴らしさをはじめて感じ、砂漠で無数の星たちに囲まれてまた眠りたいという思いは帰国後もずっと続いた。

沙貴さんの予言どおり、私はヨルダンを旅してますますイスラムの国が好きになり、もっと多くのイスラムの国に行ってみたいという気持ちが強くなった。

モロッコ

マドリッド
スペイン
アルヘラシス
大西洋
タンジェ
地中海
フェズ
モロッコ
アトラス山脈
マラケシュ
ワルザザート
ティネリール
メルズーガ
サハラ砂漠
Kaori

トラブル続きの旅

私はヨルダンの旅で、すっかりイスラムの国の人々や遺跡、砂漠に魅了され、イスラムの国をまた旅したいと思っていた。

翌年の年末、奇跡的に十八日間の連休が取れたので、迷わずエジプトへ行くことにした。

すっかり気持ちがエジプトに飛んでいた一九九七年十一月二二日、エジプトのハトシェプスト葬祭殿でイスラム過激派の乱射事件が発生し、一〇〇人近くの死傷者が出た。

その事件の直後、外務省から渡航禁止令が出て、旅行会社から「エジプト行きの飛行機のチケットは出せなくなりました」と連絡があった。飛行機のチケットはもう買ってあるので、どんな事情でもキャンセルすればキャンセル料がかかってしまう。行き先を変更するにしても、十八日間も休みがあるので、やはりなかなか行けないイスラムの国に行きたい。

新しい行き先をいろいろ考えた末、モロッコはどうかと旅行会社の担当者に聞いてみると、予約していたシンガポール航空は飛んでいなかった。

なかなか行き先が決まらずに悩んでいたある日、担当者から興奮した声で電話があった。

「モロッコ行けますよ！　シンガポール航空がスペインのマドリッドまで飛んでいるので、そこからモロッコに行けますよ」

「やったー！　それで、マドリッドからモロッコへはどうやって行くの？」

「それは……、自分で手配して行ってください」

「えっ？　自分で？」

「マドリッドでエアチケットを買って行くか、マドリッドから南下するバスか列車に乗り、ジブラルタル海峡を渡るフェリーに乗って行くか、どちらかになります」

「そ、そんなぁー」

「あなたなら大丈夫！　ヨルダンに行ったぐらいですから」

そんな励ましを受け、背中を押されたというか、納得させられたというか、結局行き先をモロッコに決めることにした。この時、すでに出発二週間前だった。

飛行機でモロッコに入るお金の余裕はなかったので、スペインを陸路で移動することにした。今回の旅は十八日間もあるので、なんとかモロッコ入りできるだろう、そう自分に言い聞かせた。

出発まで時間がなく、あまりプランも立てることができず、不安のまま出発したものの、その頃から旅慣れてきたこともあって、「まぁ、なんとかなるだろう」と、楽観的に考えていた。でも、今回の旅の災難はこの予想外のトラブルからすでに始まっていた。

スペインのマドリッドに到着すると、英語が全く通じず、はじめて耳にするスペイン語に私は戸惑うばかりだった。空港のインフォメーションでさえ、「バスターミナル」の英語が全く通じないのにはまいった。

モロッコ行きのフェリーが出ている街まで行くバスのターミナルは、私が持って行っていた資料と場所が違っていて、どうやら移転しているようだ。街行く人に聞いても英語が全く通じず、私は途方に暮れてしまった。

昼を過ぎるとどんよりとした曇り空になり、寒くなってきて気持ちも滅入ってしまう。モロッコの旅は、最初から何もかもうまくいかなかった。

なんとかバスターミナルにたどり着き、一日がかりでモロッコ行きのフェリーが出ているスペイン南端の街に到着し、フェリーに乗り込むことができたが……。今回の旅は今までの一人旅とは何かが違う。英語も通じないし、日本人や旅行者なども全く会わない。

でも、目的地のモロッコに行けばきっとなんとかなる、そう自分に言い聞かせてモロッコを目指した。

しつこいガイドにうんざり

ジブラルタル海峡を渡るモロッコ行きのフェリーには、観光客は私だけのようだった。

モロッコの北端に位置するタンジェの港に到着すると、いっせいに自称ガイドという男性たちが十人以上で私を取り囲んだ。ガイドブックに書いてあったタンジェの悪徳ガイドとはこのことかと思い、とにかく無視することにした。

もともと私はタンジェに泊まるつもりはなく、そのまますぐバスに乗ってフェズという街に行く予定だったので、「ガイドは必要ない」と断り続けた。でも、「大丈夫、君はガイドが必要だ」とわけの分からないことを言い、とにかくしつこい。

無視しても誰もあきらめず、前が見えないほど私の前に立ちふさがってきて、前にも進めない。私がガイドブックでも見ようものなら、「この本はダメだ。この地図は間違っているから僕が案内するよ」とガイドブックを手でさえぎったりする。「もういい加減にしてくれっ！」と日本語で大声で怒ってもお構いなし。

群がるガイドに取り囲まれながら、フェズ行きのバスターミナルを探したが、小さい街なのになかなか見当たらない。ウロウロしていると、うるさいガイドたちが「お金を早く両替しないと。僕が案内するよ」とせかす。確かに両替しないとバスのチケットを買うこともできないと思い、キョロキョロと銀行を探したが、それらしき建物は見当たらない。

見当たらないというよりも、店の看板がアラビア語で書かれているので、何の店なのかさっぱり分からない。仕方ないとあきらめ、ガイドに両替屋に連れて行ってもらうことにし、一万円分（六五〇ディラハム）だけ両替した。

すると、そのガイドは「君は僕が教えた両替屋で両替したのだから」という理由でお金を要求してくる。なぜそんなことぐらいで堂々とお金を要求できるのかとあきれて、私は断固として払わなかった。

その後も大勢のガイドたちに一時間以上つきまとわれ、「私は今からフェズに行くからタンジェは観光しない。どっか行けー！」と大声で何度も叫び続けていると、やっと半分ほどが消えていった。

ほとんどのガイドがフランス語かスペイン語で話しかけてくる中、一人だけ流暢な英語を話すガイドがいた。英語で話しかけられると、なんとなく言っていることが分かるので、ついついそのガイドの言うことに耳を傾けてしまう。彼は、「フェズ行きのバスのチケット売場に連れて行ってあげる」と言っていた。

彼のニヤついた表情はいかにも怪しかったが、ガイドブックにはタンジェからフェズまでバスで六時間と書いてあるだけで、バス乗り場のことは何も書かれていなかったので、そのガイドについて行ってしまった。

ガイドは二人組で、英語の話せない子分のような男性もいた。

「じゃ、バスターミナルまで案内してよ」

「まだバスの出発まで時間があるよ。お腹すいただろ」

「いや、食事はいらない」

「すぐそこだから大丈夫、ノープロブレム」

何度断ってもしつこく食い下がられ、結局タンジェの旧市街の方へと連れて行かれた。

モロッコのほとんどの街には、「メディナ」と呼ばれる旧市街がある。メディナは城壁に囲まれていて、その内部にはモスクを中心として迷路のように入り組んだ路地が広がり、何も知らずに入ったら迷ってしまうこともあるという。

タンジェのメディナも、規模は小さいながら、細い路地が入り組んでいる。方向感覚には自信がある私でも、はじめてのモロッコでガイドに連れ回されながらメディナに入るのは少し怖かった。でも、ガイドたちは「僕たちはいい人だから大丈夫」と強引に両腕を引っ張り、何度か引き返そうとしたものの、いつの間にかメディナの中へと入って行った。

メディナの中を少し歩き、小さい食堂へと連れて行かれた。すると、ガイドが勝手に注文したスープとニンジンの漬物が運ばれてきた。スープはジャガイモをすりつぶして水を入れて温め、塩で味付けしただけのもので、はっきり言ってまずい。ニンジンの漬物もまずかったが、ガイドたちに「おいしいか？」と聞かれ、愛想で「おいしい」と言うと、「ここは僕が払うよ」と勝手にお金を払ってくれた。

その食事があまりにもまずかったので写真を撮ろうとすると、ガイドが「僕が撮ってあげるよ」と言ってカメラを構えた。でも、どうもレンズが私の方に向いていない。何度注意してもずれたままだった。帰国後現像したら、案の定顔の上半分が切れていた。

その後、さらにメディナの奥へと連れて行かれた。英語を話せるガイドはやたらなれなれしく、歩く時に私の手を何度も握ってくる。いくら手を離しても、「さあ、こっちだよ。大丈夫？」と、すぐに私の手を握ってどんどん奥へ連れて行こうとする。

けっこう奥に入り込んできたので、帰り道を覚えておこうと、曲がり角をしっかりチェックしながら、気を引き締めて後をついて行った。

ところどころで、無理やりお土産屋に立ち寄らされた。私はまだモロッコに来たばかりで、お土産など買う気はさらさらなく、何も見ずにすぐ店を出ると、二人は私に怒りの顔を向けた。でも、何も怒られる筋合いはないと思い、無視していた。

顔を半分切って撮られた私

あるお土産屋で、民族衣装をやたらと勧められた。買うつもりは全くなかったが、民族衣装には興味があったので手にとると、三人が「その衣装を着てみて」と、無理やり衣装を私に着せようとする。私も着てみたかったので、言われるままに着てしまった。

写真を撮り終えてすぐ脱ごうとすると、

「着たからには買わないといけない。六五〇ディラハムだ」

と、顔はにこやかながら真剣な目で言ってきた。六五〇ディラハムというと、日本円で一万円だ。いくらなんでも高すぎると私が無視していると、

「この服を買わなければ、この店から出さない」

と言い出した。

「お金がないから絶対買わない」

「さっき両替しただろ。あのお金で買えばいいんだ！」


子分は店のドアを閉め、私を店から出すまいと入口の前に立ちふさがった。窓がない薄暗い店内で、三人の男性に「買わないとここから出さない」と脅され、私は怖かったが、それよりも怒りの方が大きく、「ここで負けてたまるか！」と思う気持ちが

勝っていた。

「買え」、「買わない」の押し問答の末、あまりにもしつこいので、「私はさっき両替した六五〇ディラハムしか持っていない」と、財布の中身を見せた。まだ両替していない日本円は、パスポートと一緒に別にちゃんとしまってあった。

「お前はそれだけの金でモロッコを旅しようとしているのか。クレイジーだ！　お前は日本人なのだから、金をたっぷり持っているはずだ。日本円でもいいから金を出せ！」

そこまで言われるとあまりにも腹が立ち、私はドアをふさいでいた子分を力ずくで押しのけ、店から飛び出した。

来た道を戻っていると、ガイドたちが追いかけてきて、「メディナを案内したのだから案内料を払え。さっきの食事代も払え」と言う。食事は私が払おうとしたのに、「僕が払うよ」とごちそうしてくれたものだし、とりあえずお礼にアメを何個もあげていたので、「じゃ、さっき私があげたアメを返してよ」と言い合いになった。

私はムカムカして、何を言われても無視してスタスタ歩いていると、今度は「ごめんよ。ごめん。もうバス乗り場まで連れて行くから。こっちだよ」と、急に態度を変えてきた。それでも無視して、来た道を競歩のような勢いで戻っていると、いつまでも謝りながらついて来る。その態度の変わりようにも腹が立った。

ガイドたちについて来られながらメディナを脱出したが、結局どこでバスのチケットを買えばいいのか分からないままだった。メディナに入る前、ガイドたちに言われて大きい荷物を荷物預かり場に預けていたので、とりあえずそこに戻った。狭い荷物預かり場は人でごった返していた。

まだついて来ていたガイドたちは、「ここでバスのチケットを買ってあげるから、四〇〇ディラハム（五八〇〇円）くれ」と言う。物価の安いモロッコで、いくら何でも六時間のバスがそんなにするはずがない。

でも、まだモロッコの相場がよく分かっていなかったので、とりあえず四〇〇ディラハムを渡し、ガイドたちがチケットを買うのを後ろからジーっと見ていた。すると、ガイドの一人がおつりを自分のポケットにサッと入れたではないか！　私はチケットをもらうと、「おつりを返して」と言った。

「チケットは四〇〇ディラハムだ。おつりなんてない」

「じゃ、領収書を見せて」

「ここはモロッコだ。領収書なんてない」

相手が強気で「四〇〇ディラハム」と言い張るので、私がガイドのポケットを探ろうとすると、あわててガイドがおつりを入れたポケットから何枚かお札を出し、後ろ手で子分に渡したのが見えた。

とっさに私が、「そのお金は私のお金、返してー!」と日本語で怒鳴り、子分からお金を取り返そうとすると、子分は走って逃げた。私はダッシュして追いかけ、子分からお金を奪い取った。

でも、もう一人のガイドもまだ残りのお金を持っているはずだ。私の怒りは頂点に達し、「お前も私のお金を返せー!」とそのガイドの胸ぐらをつかんでポケットを探そうとしたら、相手も必死になり、なんと私に殴りかかってきた。そうなったらもう乱闘状態で、私も相手に蹴りを何発も入れ、服もグチャグチャになった。

あまりの激しさに周りにいた人も手が出せないでいたが、ついに私は大柄の男性にはがい締めにされてしまった。「なんで被害者の私がはがい締めにされるの⁉」と思っていると、ガイドは私を指差し、指でクルクルパーのジェスチャーをしながら、周りの人たちにアラビア語で、「コイツが急に殴ってきた！　コイツは頭がおかしい」というようなことを言っている。アラブ人は手のジェスチャーの動きが激しいので、手の動きだけでなんとなく何を言っているのか想像できる。

このままだと私が悪者になってしまうと思い、必死に説明しようとしたが、片言の英語なので通じない。悔しいやら悲しいやらわけが分からなくなってきて、だんだん涙があふれ出し、私はうぉんうぉんとその場で号泣してしまった。

でも、私は泣きながらもスキを見て相手のポケットの中のお金を奪い取り、「これは私のお金よ！」と叫んで必死に説明すると、やっと周りの人も分かってくれたようで、ガイドたちをこっぴどく叱りつけてくれた。

お金は戻ってきたものの涙は止まらず、仲裁に入ってくれた荷物預かり場のおじさんが、「バスが出るまで奥でゆっくり休みなさい」と、私を天井近くまで山積みになっている荷物の上に座らせた。私は上からみんなの仕事を見下ろしながら、温かいチャイをごちそうになり、涙が止まるのを待った。結局、フェズ行きのバスのチケット代は八五ディラハム（約一二〇〇円）だった。

私が女性だから狙われたのかと思っていたが、日本人男性も私と同じように被害にあっていた。その男性は、

「いろいろな国に行ったことがあるけど、タンジェほどひどい街は今までになかったよ。ガイドのひどい攻撃に耐えられず、お金を取り戻そうっていう気になんてなれなかったよ」

と、しつこいガイドから逃れたいがために、お金は諦めたと言っていた。

そして、「みんな諦めてしまうのに、殴りかかるなんてはじめて聞いたよ」とびっくりされた。私は、モロッコの旅では五万円しか持ってきていなかったので、五八〇〇円も取られたら旅を続けることができないと必死だったのだ。

私のこの経験でも分かるように、ここタンジェはモロッコで一番、いや、世界一ガ

イドのタチが悪いことで有名な街で、観光客に評判が悪い。私もガイドブックで事前にそのことを知ってはいたが、そのひどさは想像以上だった。

フェリーではじめてモロッコに着き、何も分からない状態の観光客に向かって、獲物を見つけたハイエナのように一気にワーっと襲いかかる悪質ガイドたち。どんなにがんばっても彼らから逃れることはできない。ガイドたちは、「ホテルを案内しよう」とか「メディナを案内しよう」とかしつこく言い寄ってくる。無視してもお構いなしで、一秒たりとも静かに歩くことができない。

一番腹が立つのが、諦める時にさえガイドたちがお金を要求してくることだ。何も世話になっていないし、勝手について来てしつこく言い寄ってきているだけで、こっちは嫌な思いをしているのに、なぜお金を要求できるのか理解できない。

それまで無視していた私も、これには腹が立って反論すると、「ジャパニーズはお金を持っているだろう。だからお金をくれ」と堂々と言う。その厚かましさにはほとほと呆れ、怒りさえ感じた。

後にモロッコで出会った日本人も、タンジェのガイドは人を騙してなんぼの世界で、とにかく金、金、で世界最悪だと言い切っていた。彼も何度か大声で怒鳴ったらしいが、何の効果もなかったという。

タンジェでの体験から、その後もモロッコでは言い寄ってくる人はきっと金目当てだろうと警戒するようになり、気疲れすることばかりだった。でも、飛行機でモロッコ入りした人は、タンジェのしつこいガイド攻撃を体験することもなく、まだなんとかモロッコの旅を楽しんでいた。

タンジェからモロッコに入った人は、その悪夢の体験から、その後もモロッコ人を疑うようになる。これを「タンジェ・シンドローム」と呼ぶ旅行者もいる。私もタンジェ・シンドロームにかかってしまい、その後のモロッコの旅はつらいものになってしまった。

私はトラブルも旅の醍醐味と思っているが、タンジェの体験はそんな甘っちょろいものではなかった。私も今までいろいろな国を旅したが、正直タンジェだけはもうこりごりだ。

でも、もう一度行って、今度は悪質ガイドを無視して突っ切ることができるか、試してみたいような気がしないでもない。

私がモロッコに行った数年後、友達がタンジェに行ったと聞いた。

「タンジェはどうだった？　ガイドに取り囲まれて餌食になって、大変だったでしょ？」

「噂には聞いてたけど、そんな人はいなくて拍子抜けしたよ」

どうやらタンジェのガイド攻撃があまりにもひどく、各国の旅行者から政府にクレームが絶えなかったようだ。それで、政府が厳しく規制をかけたため、どうやら今は穏やかな街になっているらしい。

「タンジェ・シンドローム」という言葉は、今では死語になってしまった。嬉しいことだが、それはそれで少し寂しかったりもして……。

幽霊屋敷ホテル

タンジェから約七時間、バスは夜の十時にフェズの街に到着した。

今までの旅では、バスで街に着くとどんなに遅い時間でもホテルの客引きがいて、気に入ったホテルを見つけることができたが、フェズではバスを降りても誰もいなかった。

バスの乗客も地元の人ばかりで、みんな自分の家にそれぞれ帰ってしまい、旅行者の白人カップルもいたが、彼らもタクシーに乗ってさっさとどこかへ行ってしまった。気がつけば、真っ暗で誰もいないバスターミナルに私一人だけが残されていた。客待ちをしていたタクシーも全て出払ってしまい、一台も残っていない。

ガイドブックの地図にはバスターミナルは載っていない。ということは、ここは街の中心から離れているのか？　ホテルはどの方向に行けばあるのか？　現在地がどこなのかすらさっぱり分からない。

すると、小柄な男性が足を引きずりながら私の方に近づいてきた。真っ暗なところから私を見つめながら近づいて来るので、少し不気味な感じがした。男性は、「ボンジュール、マダム。いいホテルを知ってるから案内するよ」と言った。

タンジェのこともあり、近寄ってくる相手には疑ってかかるようになっていたので、無視しようかと一瞬考えた。でも、もう夜も遅いし、何より疲れ果てていたので、どこでもいいからとりあえずホテルに連れて行ってほしいと思い直した。

「私は一銭も払わないけど、ホテルを案内してくれるの？」とその男性に聞くと、彼はうなずいた。「じゃ、安いホテルに案内して」と、彼の後をついて行った。相手は足が不自由だから、もし何かあっても走って逃げることができるだろう。

意外にも彼は流暢な英語を話した。ガイドブックに「特に英語で話しかけてくる人は、何か魂胆があるので要注意」とあったので、気を引き締めた。

夜遅いこともあり、道には誰一人歩いていない。路地からこの男性の仲間が突然出てきて、取り囲まれたらどうしよう……、などと考えながら、私は彼と一定の距離を保ちつつ、周囲に注意しながら街灯のない暗い道を歩いて行った。

連れて行かれたホテルはとてもきれいで、日本円で一泊約四〇〇〇円と聞いてだまされたと思った。日本人の感覚だと、ホテル代が四〇〇〇円なんて安いと思うだろうが、モロッコでは物価水準が違うので、四〇〇〇円も出せばけっこう高級なホテルに泊まることができる。

それに、私がいつも泊まるような安宿は、高くても一泊一〇〇〇円、アジアなどでは一泊五〇〇円ほどのところなので、四〇〇〇円は高すぎる。

タンジェのようにまた騙されたのかと思い、私は怒りが爆発した。

「安いホテルって言ったのに高すぎる！　ウソつき！」

「大丈夫。じゃ、もっと安いホテルを案内するよ」

彼は私の怒りを静めるような口調で言い、違うホテルへと連れて行ってくれた。

次のホテルはさっきの高級ホテルの三軒隣で、見た目は石造りの民家のようだった。大きい木の扉を開けると、中は真っ暗で、ホテルというよりは怪しいアジトか何かのようで、中に入るのが不安だったが、恐る恐る後をついて行った。

天井が高い石造りの真っ暗な廊下を奥へ進むと、ガザガサっと音がした。誰かが奥で寝ていたようで、私たちに気付いて電気がつくと、建物の中なのにそこには小屋があり、ホテルのフロントになっていた。

料金は五〇ディラハム（約六八〇円）と言うので、部屋を見せてもらうことにした。フロントの横にある足元も見えないほど暗い階段を三階まで上がり、大きい木の扉を開けると屋外の渡り廊下があった。

その向こうにある離れの建物に入ると、廊下の両側に部屋が三つずつあり、連れて行かれたのは一番奥の部屋だった。そのホテルの廊下は真っ暗で、床はミシミシときしみ、まるで幽霊屋敷のようだ。

部屋の中には、ベッドの他に木のオンボロ机と洗面台があり、明かりは裸電球一つだけだったが、まあそれなりの部屋である。トイレとシャワールームは共同で、離れの建物の入口横にあった。

もう時間も遅いこともあり、今日はとりあえずこのホテルに泊まることに決めた。連れて来てくれた足の不自由な男性にお礼を言おうとフロントに下りていくと、ホテルからチップをもらったのか、私には何もお金の要求をせずに足を引きずりながら去って行こうとしていた。

私が彼の寂しそうな背中に向かって、「ショコラン」（ありがとう）と言うと、彼は振り返り、私に手を振って去って行った。私は彼を悪徳ガイドかと疑い、ムキになってしまっていたことが申しわけなく、「ごめんね」と心の中でつぶやいた。

二日間まともに横になって寝ていなかったので、シャワーを浴びて早くゆっくり寝ようと、真っ先にシャワールームに行った。シャワールームは狭くて汚く、荷物を置く台もないので、ビニール袋をドアノブに引っかけておくしかない。水はけも悪く、排水溝からは水があふれている。

シャワールームの中でズボンをはくと濡れてしまいそうだったので、パンツと上着だけ着て、暗闇の廊下を歩いて部屋へと戻って行った。すると、私の部屋の向かいの部屋のドアが十センチほど開いていて、そこから男性が顔半分だけ出して私の方をジーっと見ているではないか！

私はビクッとして急いで部屋に戻り、あわてて鍵をかけた。やっぱりこのホテルは怖すぎる、絶対明日は他のホテルに移動しよう、そう思って、このホテルはいったい街のどの辺にあるのかと、ガイドブックを見たが、よく分からない。

その時、ドアをノックする音がした！　さっきの男性かと思い、怖くなって息をひそめて無視したが、ノックがやまないので、ドアのところまでそーっと確かめに行った。ドアの鍵穴は前方後円墳の形をしていて、そこから外が見えるような古いタイプのものだった。

そこから外をうかがうと、なんと相手も同じことをしていて、小さい鍵穴で目が合った！　私は恐怖で声も出ず、全身が一瞬にして凍りつき、腰が抜けそうになった。大声を出そうかとも思ったが、ここは離れの建物なのでどんなに大声で叫んでもフロントまで絶対に聞こえない。

相手はやはり向かいの部屋の男性だった。ズボンをはかずに廊下を歩いていたので、男性を刺激してしまったのか……。後悔しながら、鍵穴から死角になる部屋の隅で震えながら身をひそめていると、ノックがどんどん激しくなっていく。

さらにその男性は、ドアノブまでガチャガチャと回し始め、何か言い始めた。でも、何を言っているのかさっぱり分からない。最後に片言の英語で何か言ったのでよく耳を傾けると、「シャワーの鍵をくれ」と言っているのがなんとなく分かった。

でも、鍵を渡すにはドアをいったん開けなければならないし、その時に部屋に押し入られたら、襲われてしまうかもしれない。

「シャワーの鍵なんてない！」

とっさにウソをついた。すると、

「そこの机の上にあるじゃないか！　その鍵をくれ」

と、その男性は私の部屋の内部まで把握している。

「鍵なんてない」とまた言うと、今まで以上にドアノブをガチャガチャと激しく回し、ドアをドンドンと叩く。このままではドアを壊されそうに思ったので、観念した。

「鍵を渡すから、ドアから離れて」

私は、恐る恐る相手が侵入してこないよう、足と体でドアを押さえながら鍵を開けた。そして、ドアを一瞬だけほんの少し開けて外に鍵を投げ捨て、急いで鍵をかけた。すぐ鍵穴から外をのぞくと、その男性は私が鍵穴からのぞいていることを知っているかのように、こっちを見ながら不気味な笑みを浮かべ、鍵を拾って去って行った。

それから私は怯えてしまい、その晩はベッドに入っても少しの物音でもビクッとして、ゆっくり寝ることができなかった。

この旅はまだ始まったばかりなのに、嫌な思いばかりだ。それに全くの一人で、旅行者と会うこともない。今までは一人旅をしていても、同じ旅行者との出会いがあったり、一緒に行動したりできたが、今のところ今回の旅ではそういう出会いもなく、絶望的だった。

言葉も全く通じず、相手が何を言っているのかも分からないし、毎日天気はどんよりしていて寒く、しかも、タンジェ・シンドロームでモロッコ人がみんな悪人に見える。

いろいろなつらさで、その晩は寝ながらも涙が止まらなかった。夢でもうなされ、夢に出てきた友達に「モロッコの旅はどう？」と聞かれ、「もう最悪。こんな国に来るんじゃなかった。もう帰りたい！」と叫ぶ自分の声で目が覚めた。

日本人に罵声を浴びせられて

朝八時前、屋外がうっすらと明るくなってきたので起きることにした。今日も空はどんよりと曇っていた。

とにかく、この謎の幽霊屋敷ホテルの名前と場所が知りたくて、スウェットの上にジャケットをはおり、ホテルの外に出てみた。でも、何も手がかりはなく、昨晩連れて行かれた三軒隣のまともなホテルならガイドブックにも載っているはずだと思い、名前と場所を聞きに行くことにした。

そのホテルに行くと、フロントに五〇歳前後の日本人女性が一人いた。その女性はフロントの人と流暢なフランス語で話をしていた。話し終わるのを待って、フロントの人に、

「このホテルの名前と場所を書いてほしい」

と頼んでいると、その女性が、

「何かお探しですか？」

と声をかけてくれた。私は、やっと言葉が通じる人に出会えたと嬉しくなり、その女性に聞いてみた。

「この近くのホテルに昨晩泊まったんですが、名前と場所が分からないので、このホテルならガイドブックにも載ってるかと思って、名前と場所を聞きに来たんです」

「モロッコにはそんなに大きなホテルはないから、このホテルもガイドブックになんて載ってないわ」

と、その女性は最初の丁寧な口調とは打って変わって、少しきつい口調で言い放った。そこで私も、「そうですか」と引き下がればよかったが、どうしてもホテル名と場所が知りたかったので、

「昨日の晩に、この街に着いたばかりで、せめてこのホテルの場所を知りたいんですけど……」

と言うと、途中で私の言葉をさえぎるように、さらにきつい口調で言った。

「そんなこと知らないわよ！　あなた、自分の泊まってるホテルの名前も分からないなんておかしいんじゃないの！　それに、あなたその服装はいったい何！　このホテルに泊まってないのなら早く出て行きなさいよ！」

私はその女性の激しい口調に唖然とした。しかも、その女性はフロントの男性に、「あの人は変な日本人だから無視しなさい」みたいなことを言ったようで、フロントの男性の私を見る目も態度も一変した。

私はもうその場にいられなくなり、フロントの横に置かれていたホテルのカードが目に入ったので、それをサッと取り、複雑な気分で逃げるように幽霊屋敷ホテルに戻った。

日本人にまで罵声を浴びせられ、私はみじめでたまらなかった。ショックで自分に自信がなくなり、私の心はどんどん暗くなっていった。外は小雨が降り出していて、寒くて薄暗い街が私の暗い気持ちにさらに追いうちをかけた。

部屋に戻り、カードに書かれたホテル名をガイドブックで見てみると、ちゃんと載っているではないか。「ウソつきー！」私は部屋で一人叫んでいた。

幽霊屋敷ホテルの場所もやっと分かり、ここが新市街の中心にあり、旧市街に行くにも便利な場所だと分かった。料金も五〇ディラハムと、ガイドブックに載っているどの安宿よりも安い。それに、さっき罵声を浴びせられたショックでホテルをチェンジする気力も失ってしまったので、夜は怖いものの、このホテルでもう一泊することにした。

その日の夕方、幽霊屋敷ホテルの前で二人組の日本人女性を見かけた。でも、朝、日本人女性に罵声を浴びせられていたので、声をかけるのを少しためらっていた。すると、彼女たちから「あれっ、日本人ですか?」と声をかけてきてくれた。

彼女たちはイギリス留学中で、イギリスからのツアーでモロッコに来ていた。この旅ではじめて人の良さそうな日本人と話ができ、それだけでも私は嬉しかった。

私はせきを切ったように、言葉が通じなくてつらかったこと、タンジェで悪徳ガイドと殴り合いのケンカになったこと、幽霊屋敷ホテルで怖い思いをしたこと、日本人女性に罵声を浴びせられたことなどを話した。

「時間があれば、ゆっくり一緒に食事でもできたらいいんだけど、私たち今からホテルでツアーの食事なの」

「ホテルはどこですか?」

「この三軒隣よ」

「えっ! そのホテルで、五〇歳前後のちょっと上品そうな日本人女性を見かけませんでした?」

「私たちのツアーにそんな感じの人がいるけど……」

「実は、日本人女性に罵声を浴びせられたのって、そのホテルなんです」

私は、今日の朝の出来事について詳しく説明した。

「あー、あの人だ！　あの人に間違いないわ。やっぱり私たちと同じツアーの人よ！　あなたもあの人の被害にあったの⁉」

その女性は気に入らないことがあると、同じツアーの人に対してもきついことを平気で言う曲者的な存在で、彼女たちもその女性とは距離を置いているそうだ。

罵声を浴びせられた原因が自分にあったわけじゃなくて良かったと思い、少し安心した。

世界一複雑な迷路のメディナ

モロッコのフェズという街は、旧市街のメディナが丸ごと世界遺産に指定されている。メディナ内は細い路地が入り組んでいて、車は中に入って行くことができない。

そのため、今でも輸送手段はロバや馬である。

フェズのメディナは世界の他のどの街よりも規模が巨大で、そこでは今でも一〇〇〇年前と変わらない生活が繰り広げられている。

ガイドブックによると、「フェズを一人で歩くのなら、無数のガイドに囲まれることを覚悟しなければならない」とあった。私はタンジェのガイドでこりていたので、あんなガイドはもう精神的に耐えられないと思い、観光局で公認ガイドを頼むことにした。フェズには観光局公認のガイドがいて、メディナの中を説明しながら案内してくれる。

観光局でガイドを頼むと、どうも男性のガイドをあてがわれそうだったので、話をしていた女性に、

「男性はいやだ。あなたにガイドをしてほしい」

と頼んだが、その女性は都合が悪く、

「彼はジェントルマンよ。大丈夫」

と、なだめられた。そして、ピンクのワイシャツに濃いグレーのネクタイをした派手な男性が私のガイドに決まった。

タンジェのガイドといい、鍵穴男といい、モロッコに来てからというもの、モロッコの男性のイメージは最悪だった。でも、ガイドの男性はパリッとクリーニングされたワイシャツを着て、甘いオーデコロンの香りも漂わせていて、なかなか紳士的に見える。英語も分かりやすく、説明も丁寧だった。

でも、タンジェ・シンドロームになっていた私は、男性のガイドと一対一ということが嫌で、自分から話しかけることはせず、しばらくは彼の様子をうかがっていた。

メディナ内は、歴史的なイスラム建築やお土産屋だけでなく、食料品や日用品の店も多いので、観光客より一般のモロッコ人の方が多い。

私が、「一般のモロッコ人女性が着ているジェバラ（民族衣装）を売っている店に行きたい」と言うと、観光客用の高級そうな服ばかり扱っている店に連れて行かれた。私はそんな観光客用の高級な服には興味がなく、それに値段を聞くと一〜二万円もする。高いと思って服に興味を示さずにいると、ガイドが店員さながらに聞いてくる。

「いくらなら君は買うんだ？」

「二〇〇〇円ぐらいかな？」

適当な値段を言うと、ガイドは店員に交渉してくれたが、値段はさほど落ちなかった。私には彼が真剣に交渉しているようには見えなかった。

ある店に入った時、店員の女性の手に、入れ墨のようなオレンジ色の模様があるのが目に入った。

「何、これ？」

「これは『ヘンナ』といって、イスラム女性のおしゃれで、結婚式前日には手や足にきれいなヘンナをするんだよ」

もちろん、結婚式の時にだけするものではないというので、私もしてもらうことにした。

ヘンナは植物性の染料を使って、足や手に幾何学模様を描くボディペインティングのようなもので、時間が経つにつれて徐々に薄くなって消える。でも、風呂などであまり強くこすらなければ、一週間から十日、長ければ二週間は消えない。

待っていると、ヘンナを施す女性がビニール袋と針の付いた注射器を持って現れた。彼女は、ビニール袋の中の粉に水を混ぜ、泥状にして注射器に詰めた。そして、細い注射針から泥を落としながら、私の手の表裏に細い線でゾウリムシがツタにからまったような模様を描いていく。

泥を肌の上に置いている状態なので、乾いてくると泥がポロポロとはがれてしまう。泥がすぐ落ちると染料が肌に染み込まないので、できるだけ長い時間泥をキープさせなければならない。二時間は泥に触るなと言われたが、外は雨が降り出していて、しかも傘を持っていなかったので、濡れないように手を守りながら、メディナの観光を続けた。

メディナの道は石畳の坂になっていて、道の両側に側溝がないので、雨が降ると

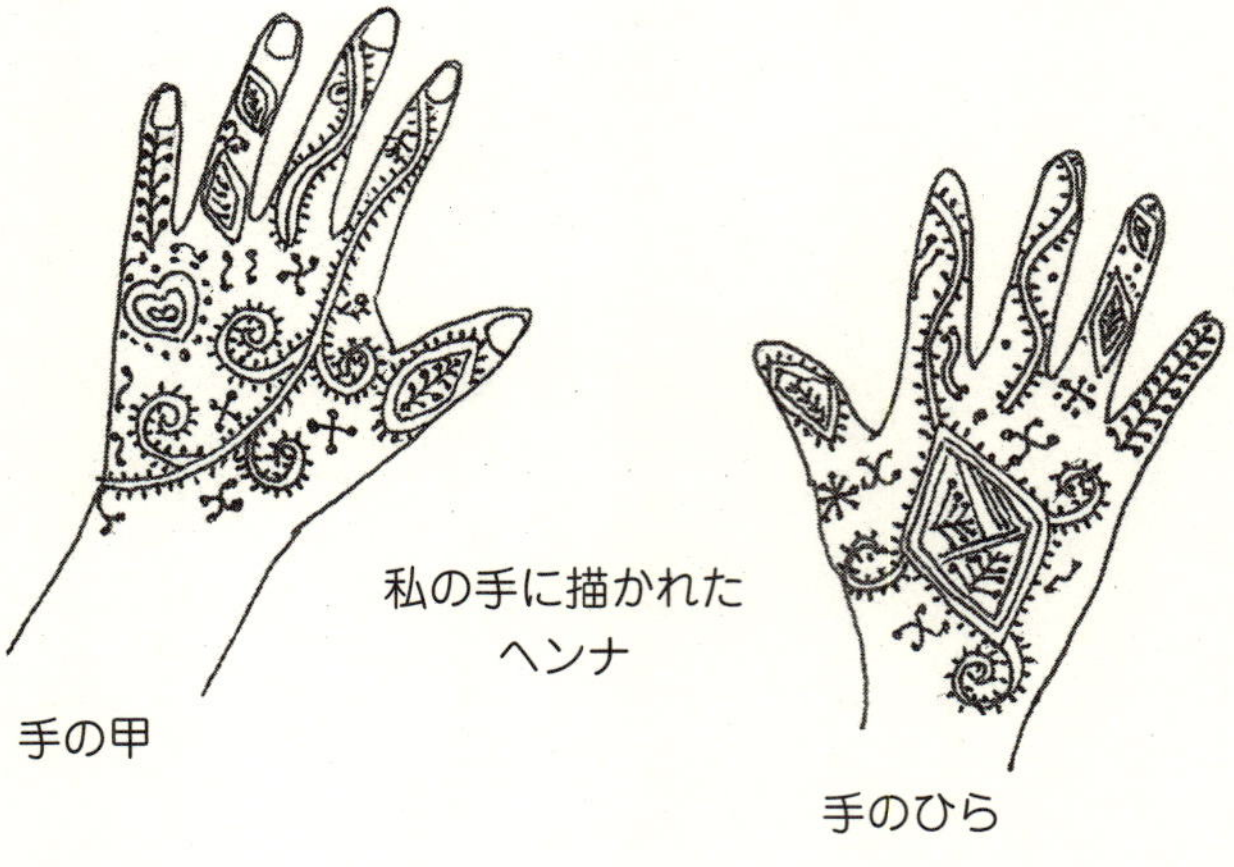

私の手に描かれた
ヘンナ

水が細い道を一面に流れ出す。土砂降りの雨になり、あっという間に川と化した道は、足がとられそうなほど激しい流れになった。

どこにも屋根がないので、私たちは全身ずぶ濡れになりながら、必死にメディナから走って脱出しようとした。でも、水の流れが激しく滑りそうになり、走ることもできなくなった。私たちは体だけでなく靴の中までずぶ濡れになり、家の軒先の狭い場所に二人で寄り添って雨宿りすることにした。

空は真っ黒い雲におおわれ、ピカっと辺りが光ったかと思ったら、耳をつんざく大音響の雷がすぐ近くで響き渡った。今回の旅は最初からトラブル続きで、毎日寒くてどんよりした天気ばかりだった。今日は雷も鳴り響く大雨で、私は全身ずぶ濡れでガタガタと震えが止まらなくなり、何もかもつらくて寂しさがこみ上げてきた。

すると、私が朝から元気がないことをガイドは気にしていたようで、雨宿りをしながらいろいろな話をしてくれた。私は彼に対してまだ少し警戒心を持っていたが、モロッコで英語が通じないこと、タンジェで嫌な目にあったこと、今泊まっているホテルで現れた鍵穴男のことなどを私からも話し、モロッコに来たものの毎日つらいと打ち明けた。そうして、私の気持ちは少し落ち着いてきた。

二時間ほど雨宿りをしていると小雨になってきて、道の洪水も少しずつおさまってきた。水の流れの深さが三センチぐらいになったので、走ってメディナを脱出し、タクシーに飛び乗った。二人とも全身ずぶ濡れで、靴の中まで水が染み込んできていて、足先の感覚もなくなり、寒さでガタガタと震えていた。

タクシーでホテルまで戻ると、ガイドも私と一緒にホテルの前で降りた。どうやらガイドの家はホテルの近所らしい。お礼を言って別れようとすると、「明日も会おう」と言われた。でも、ガイドに明日もお金を払うほどの余裕はなかったので断わると、「明日はガイド料はいらない」と言うので、明朝十時に会う約束をした。

数時間後、フロントの人に「君にお客さんが来た」と言われ、行ってみると、さっき別れたガイドがいた。彼は、「明日は仕事が入ったので、朝ではなく夕方の六時に会おう」と言う。私は、メディナをタダで案内してくれるというから朝から会うことにしたのに、「夕方から?」と思いながらも、とりあえず約束した。

その日の晩、同じホテルに泊まっていたモロッコ人女性と仲良くなり、翌日はその女性と朝からメディナを歩き回った。私がお土産屋で気に入った商品を手に取り、店員に値段を聞くと、昨日と同じようなとても高い金額を言ってくる。すると、彼女は店員と雑談を交じえながら上手に交渉し、驚くほど安い値段に下げてくれた。私は、はじめてモロッコ人と同じ目線でショッピングを楽しむことができた。

夕方になり、ガイドと会う約束をしていたので、疲れていたがフロントで待っていた。冬のフェズの夕方六時はもう真っ暗で寒い。出かけるのは気が重いなぁと思っていると、約束の時間に彼が昨日と同じ服装で現れた。

私は、昼間のモロッコ人女性との楽しいショッピングで大満足していて、テンションは下がりきっていた。ご飯でも食べに行くのかと思いながら彼について行くと、けっこう遠くまで歩いて行く。

「今日は何していたの？」

と、彼が言った。

「モロッコ人の女性と一緒にメディナに行った。そういえば、彼女のヘンナは細かくてきれいな柄なのに料金は私の半額だって言ってた。その店に連れて行ってもらったら、昨日あなたに連れて行ってもらった店と同じ店だった」

私が少しイヤミもこめて言うと、ガイドの男性は急にムキになって言った。

「君は日本人だろ。だからツーリストプライスだ」

「……。昨日、女性用のジェバラを見た時、一万円ぐらいするって言ったけど、モロッコ人の女性に着ているジェバラの値段を聞いたら、二〇〇〇円もしなかった」

「一万円なんて金額は、日本人の君には高くはないはずだ！」

ツーリストプライスのことを観光局公認のガイドがこんなにはっきりと言うなんて、私は腹が立つというより、呆れてしまった。確かにツアーでモロッコに来ているような年配の日本人観光客は、お金に余裕があるのかもしれないが、日本人が全員お金持ちだという考えはやめてほしい。

私は彼にきつい言い方をされ、余計に早くホテルに帰りたいと思った。暗がりの中をウロウロ歩いて、自分がどこにいるのかも分からなくなってきた頃、彼が「僕の家に来ないか」と言った。私はその時ハッとして、ガイドブックに「通称『ハスラー』

という男たちがいるので気を付けること」と書かれていたのを思い出した。

ハスラーとは、女性観光客を誘って、お金を奪ったり、無理やり暴行したりしようとする人たちのことである。その手口は、「家族がいるから大丈夫」と自分の家に誘い、家に行くと本当に家族がいて、安心して食事をごちそうになっていると、家族たちがいつの間にかどこかへ出かけてしまい、男性と二人っきりになるというものである。

男性はプレゼントをくれたりして、談笑しているうちに「アイラブユー」と迫ってくる。逃げ出そうとすると、食事代とプレゼント代を請求され、もしそこで逃げ出せなかったら、飲み物に薬を混入されて暴行され、お金まで盗まれるという。

モロッコは観光の国で安全というイメージもあるが、ガイドブックには、「モロッコの男性は感情表現がストレートで、日本人男性が言わないような甘い言葉で言い寄ってきて、肩を抱いたり、キスをしたり、僕の部屋に行こうと誘ってきたり……、となることが多く、女性の一人旅は危険で要注意」と書かれている。

確かに、今まで行ったイスラム圏の国であるトルコやヨルダンとは男性の感じが違い、近づいてくるモロッコ人男性は何か企んでいそうな危険な雰囲気のある人が多いような気がした。そして、イスラム世界では、白人に比べて小柄で若く見られる日本人女性は異常なほどモテる。いつもニコニコしていて、はっきりと物を言わない優柔不断さもスキを与えているのかもしれない。

彼の誘いはしつこく、何度も断っていると、「大丈夫、家には家族がいるから」と、セリフがハスラーそのものである。「母は君が来るのを楽しみにして、食事を作っている」とまで言ってくる。母親が食事の仕度をしているのなら、会ってすぐに言うはずなのに、後から付け足すように言うなんて、明らかに怪しい。

これは何がなんでもついて行ったらヤバいと思い、「もう帰る」と言ったが、彼は私の腕をつかんで強引に連れて行こうとする。口論になり、私が腕を振り切って来た道を早足で帰ろうとすると、やっと彼はあきらめたようで、ホテルまで送ってくれたが、帰り道は二人の間に重い空気が流れていた。

私は、公認ガイドだからと安心して薄暗い夜道をついて行ってしまったが、やはり女性の一人旅ではそういう行動は慎まなければならないと改めて感じた。

極寒のクリスマスイブ

フェズの街を後にし、モロッコの旅のメインであるサハラ砂漠へと夜行バスで出発した。

バスは指定席で、私の席は窓側だったので、窓にもたれて寝ることができるとはじめは喜んでいた。でも、バスは信じられないほどオンボロで、外の気温が低いのに暖房はほとんど効いておらず、だんだん窓から外の寒さが伝わってきた。その内、窓側の体半分の体温が奪われ、私の体は冷え切ってしまい、感覚もなくなってきた。

あまりの寒さに耐えられなくなって、隣の男性にお願いして席を替わってもらった。でも、三〇分もするとその男性もガタガタ震え始め、「もうダメだ。替わってくれ」と、また私は極寒の席に逆戻りした。寒いだけでなく、リクライニングしない直角の座席なので、お尻や腰、首まで痛くなって、とても寝られるような状態ではない。

途中、バスがトイレ休憩で止まったので、私は急いでトランクを開け、リュックからタイツ、セーター、トレーナー、ウィンドブレーカーと、着られるものを全部出し、トイレで重ね着した。もうこれで大丈夫と思ったが、バスが走り始めて少し経つと、また寒さが襲ってきた。

それに、運転手がギアを切り替えるたびに、なぜか排気ガスが車内に入ってくる。タオルで口をおおっても、排気ガスのにおいは防げず、そのたまらないにおいで気分が悪くなり、何度も吐きそうになった。

今日はクリスマスイブだというのに、こんなにつらい思いをするとは思ってもいなかった。今ごろ日本の、いや世界中のカップルが幸せなひと時を過ごしているだろうに、このバスの車内ではみんな下を向いていて、寝ているのかどうかも分からなかったが、私にはみんなが必死に耐えているように見えた。

あまりの寒さにまた限界がきて、再び隣の男性に替わってもらった。でも、今度は三〇分もしないうちにその男性は震えながら、「もうダメだ」とギブアップ。私の体はガタガタと震え、歯もガチガチと鳴り始めた。あまりにも激しく歯が鳴るので、私の周りの席の人が何がガチガチ鳴っているのかと見回し、原因が私の歯だと分かると笑われる始末だった。

トイレ休憩の時、隣の男性がホットミルクを私に買ってきてくれたので、私はガタガタ震える手でミルクを飲みほし、その男性に何度もお礼を言った。

旅先で乗り物に乗っている時、現地の人からもらった飲み物に睡眠薬が入っていて、意識をなくしたスキに金品を盗まれるという話を、私は実際に被害にあった人から聞いたことが何度もあった。でも、この時ばかりは「もうどうなってもいい。このままでは凍死する！」と思い、すぐに全部飲みほした。

その男性は私の震えがとりあえず止まったことを確認し、真っ暗な中バスを降りて行った。こんなところにその男性の家があるのだろうか？　男性よ、ありがとう。少しだけ生き返ったよ。

後で知ったが、このバスルートはアフリカとはいえ、冬には雪も積もる四〇〇〇メートル級の山々が連なるアトラス山脈越えのルートで、峠の標高は分からなかったが、相当な高地を走っていたようである。どうりで寒かったはずだ。

サハラで食べるおにぎり

極寒のバスの中で知り合ったアリという男性が、知り合いの経営している砂漠のホテルを紹介してあげようと言って、その知り合い宛に手紙を書いてくれた。

アリに教えられた行き方のとおりバスを乗り継ぎ、真っ赤な砂丘が目の前に広がる砂漠の真っただ中のホテルに到着した。

そのホテルは、日干しレンガを重ねてその表面を泥でおおっただけの建物だった。壁の厚さは三〇センチ以上もあり、強い日差しがさえぎられ、窓も小さいので、外は灼熱の砂漠でも室内はひんやりとしている。宿泊部屋にはベッドが一つあるだけで他に何もなく、トイレ、シャワーは共同だった。

ホテルの従業員にアリが書いてくれた手紙を見せると、

「ようこそ、君はアリの友達か。よく来たね、名前は?」

「カオリ」

「おぉ、カローラか」

「いや、カ・オ・リ」

何度言っても、私の名は「カローラ」のままだった。ホテルスタッフはみんな親切で、私は久しぶりに安心して笑っている自分に気付いた。


翌朝、「カローラ、グッドモーニング!」という声と、ドアをドンドンと叩く音で起こされた。外は真っ暗で、こんな朝早くからいったい何?　と、時計を見るとまだ六時だ。

あわててドアを開けると、ホテルの従業員が言った。

「早く、早く!　カローラの友達が来ているぞ!」

「えっ、私の友達?　こんな砂漠に誰?」

「早く着替えろ」

と、わけが分からないまま急がされた。

あわてて着替え、まだ真っ暗な外へライトを照らしながら出ると、ホテルの周りに車がいっぱい並んでいた。それは、砂丘から昇る朝日を見に来た早朝ツアー客を乗せてきた車だった。その中には、ホテルの従業員が「友達」と言った日本人のパックツアー客もたくさんいた。

砂丘には、ラクダに乗ったり、歩いたりして頂上を目指す人たちがいた。砂丘は高さが三〇メートルほどあり、登るのはけっこう大変である。だんだん周りが明るくなってきたので、早く頂上まで登らないと、地平線からの日の出を見ることができないと思い、私も必死に登った。

七時二〇分頃、真っ暗闇だった空が徐々に薄い紺色になり、薄い紺色から紫、紫からピンクへと変わっていき、地平線がオレンジ色になったと思ったら、太陽が地平線から現れ、東の空に明るい光が広がっていった。西の空はまだ暗く、一瞬一秒ごとに色のグラデーションがゆっくりと空全体に広がる。真っ黒だった砂丘に朝日が射し始めると、赤い砂漠が徐々に現れてくる。

砂漠で見る日の出は想像以上に感動的で、太陽から射す光から無限のエネルギーを受けているような気さえした。

日本人のパックツアー客に声をかけて話を聞くと、朝の三時に起き、何台かの四輪駆動車に乗ってここまで来たという。その人たちは、私もどこかのパックツアーの客だと思っていたようだったが、「一人ですぐ近くのホテルに泊まっている」と言うと、みんな急に私に興味を持ち始めた。

彼女たちが他のツアー客に、「この人、一人でここまで来たんだって！」と言うと、みんな驚いた。私がここまでどうやって来たのか不思議だったようで、私が「バスを乗り継いで来た」と答えても、「こんな砂漠にバスが走ってるの？」、「ここにバスで来ることができるって分かってたの？」、「誰に教えてもらったの？」と、質問攻めだ。いくら説明しても信じられないようで、「こんなところで一人旅の日本人に会うなんて思ってもいなかった」と驚かれるばかりだった。

年配の女性グループの一人が私に言った。

「朝食はもう食べたの？」

「いいえ、今ホテルの人に起こされたばかりで、あわてて出てきたからまだです」

「じゃ、これ食べなさい」

そう言って、その人はまだ温かいおにぎりを私にくれた。

私は日本を出てからというもの、ほとんど日本人に会わなかったので、日本語で会話ができるだけでもほっとしていたのに、おにぎりまでもらい、人の優しさに触れて嬉しくてたまらなかった。

でも、なぜ握ったばかりのまだ温かいおにぎりをツアー客が持っているのだろう?

不思議に思い、尋ねてみた。

「このおにぎりはどうしたんですか?」

「今日は朝早い出発だったでしょ。朝食を食べることができないからって、日本から来てくれている添乗員さんが作ってくれたのよ。ここに来る途中、車の中でみんな食べてきたの」

私はそれを聞いてびっくりした。サンドイッチなどならホテルに頼んで作ってもらえたりするだろうが、のりを巻いたおにぎりとなるとモロッコ人には作れないだろう。

疑問に思い、添乗員さんに聞いてみた。

「このおにぎりって、もしかして添乗員さんが作ったんですか？　お米はどうしたんですか？」

「私が今朝作ったの。お米は日本から持ってきたのよ。外国のお米はおいしくないでしょ。中には外国のお米を嫌がるお客さんもいるしね」

「ホテルの厨房を借りて鍋で炊いたんですか？」

私は旅先で共同キッチンがあるホテルに泊まると、自炊することがある。炊飯器などはもちろんないので、鍋で火の調節をしながらお米を炊くことになる。てっきり添乗員もそうしたのだと思っていた。

「まさか。炊飯器も日本から持って来たのよ」

「えっ⁉　炊飯器をどうやって持って来たんですか？」

「ダンボール箱にお米と炊飯器を入れて持って来たのよ」

「ダンボール箱ですか⁉　じゃあ、ものすごく重い荷物になったんじゃないですか？」

「最初は一つのスーツケースに入れようとしたんだけど、着替えや自分の荷物が多くて、お米と炊飯器はダンボール箱に分けて入れてきたの」

「じゃあ、移動の時、大変だったでしょう？」

「荷物は空港まで宅急便で送ればいいし、チェックインの時に荷物を預けて、到着したら迎えに来ているバスに荷物を乗せれば、あとはホテルのボーイが部屋まで運んでくれるでしょ。だから重いなんて思わないわよ」

そうか……、荷物は送って、ホテルに到着すればボーイが運んでくれるのか……。私にはそんな経験が全くなかったので、目からウロコが落ちる思いだった。自分の荷物を他人に運んでもらうなんて、私だったら心配でボーイの後をついて行きそうだ。

「一人二個ずつのおにぎりを二〇人分も炊くなんて、大変だったんじゃないですか？」

「ホテルの部屋の狭い洗面台でお米を研いで、炊いて、握って、三合炊きの小さい炊飯器だから何度もくり返したわ。けっこう時間がかかっちゃって、今日は出発時間も早かったから一睡もしてないの。でも、おにぎりを渡した時のお客さんの笑顔を見ると、作って良かったって思うの。一睡もできなかったけど、バスに乗ってしまえば寝ることができるし、この朝日を見終わって次の街までもけっこう時間があるから、ゆっくり寝ることができるしね。私はモロッコには何度も来てるけど、ツアーのお客さんたちははじめてでしょ。満足して楽しんでもらいたいじゃない。モロッコは移動距離が長くて、早朝の出発が続く行程だからお客さんたちの体調が心配なのよ」

「添乗員って大変なんですね……」

ホテルでは、「バスタオルがない」、「枕元の電気がつかない」、「お風呂の排水が悪い」などと、いろいろな苦情の電話が添乗員さんの部屋にかかってくるらしい。私は、そんなことまで添乗員さんに言うのかとびっくりした。

バスタオルが部屋になければ自分のタオルを使えばいい。枕元の電気がつかないくらい何も支障はないし、部屋が薄暗ければ早く寝ればいい。排水が悪ければホテルの従業員に苦情を言えばいい。言葉が通じなければ、部屋まで来てもらって、水があふれている排水溝を見せれば、従業員も何が言いたいのか分かるだろう。

添乗員は電話があるたびにツアー客の部屋に行き、ホテルの従業員に通訳するらしい。そうこうしていると、寝るのはいつも深夜になるという。

頼もしい添乗員さんのツアー客は、また驚くことを言った。

「私たちの添乗員さんは、朝も一人ずつモーニングコールをかけて起こしてくれるのよ」

「えー、添乗員さんってそんなことまでしてくれるの⁉」

私はパックツアーで海外旅行をしたことがないので、ツアー客に対してそこまで至れり尽くせりなのかと驚きの連続だった。案の定、その添乗員さんはツアー客の人気者で、砂漠をバックに各グループに記念撮影をせがまれていた。ツアーのバッジを見ると、超大手の旅行会社だった。

私は、彼女の添乗員魂と、ツアー客への心配りに感心するばかりだった。彼女はこのモロッコの旅を終えても、一日だけ休んですぐにバルト三国のツアーの添乗員として、別のツアー客のお世話をするということだった。

ツアー客と話をしていると、「正月だからツアー料金はすごく高かったわ。でも、ツアーじゃないとこんな場所に来ることはできないでしょ」と言われた。私はその言葉に同意はできないが、一般の人の海外旅行に対する感覚はそういうものなのかもしれないと改めて思った。

確かに、日本人はまとまった休みが取りにくく、連休をうまく組み合わせても八日間や十日間が精一杯だろう。私も普通のＯＬなので、休みのやりくりは悩みの種だ。たいていの人にとっては、そんな短い休みの中で旅行の日程を考え、飛行機のチケットを取り、現地での移動など全てを自分一人でこなすのは大変なのかもしれない。それに、日本人があまり行かないような国に行くとなったら、どうしてもいろいろなことが心配になって、添乗員付きのパックツアーに参加してしまうのかもしれない。

パックツアーだと添乗員に何もかもおまかせで、移動やホテルの心配をしなくても、遺跡や観光地に連れて行ってもらえて、楽に旅ができるだろう。でも、それは「点と点の旅」だと私は思う。他人任せで連れて行ってもらうだけだと、今自分がどこにいるのかさえ分からないまま終わってしまう旅になってしまうかもしれない。

ただ観光名所を巡るというだけの旅は、点と点を結ぶ線の中にこそある感動を、「手軽、安心」の名の下にあきらめてしまった、もったいない旅のように私には思えてしまう。名所を観光しては用意されているバスで移動し、そしてまた別の場所を観光する。そんな旅も楽でいいかもしれないという気持ちもほんの少しだけあるが、私はそれだと「本当にその国を旅した」とはきっと思えないだろう。

でも、添乗員がいるということは、何かあっても頼れるという心強さがあり、私のようにモロッコ人とケンカをしたりつらい思いをしたりすることなく、観光地を効率良く手軽に見ることができるというメリットもある。


話をしているうち、ツアー客たちは次の場所に行く時間になり、添乗員さんにせかされてバタバタとそれぞれの車に乗り、砂煙をあげながら走り去って行った。

砂漠からは一気に人騒がしさが去り、辺りはあっという間に静まり返った。

何もない砂漠に一人取り残された私は、添乗員さんが一生懸命握ってくれた、まだほんのり温かいおにぎりを味わった。

砂漠でのひととき

朝、十時も過ぎれば、砂漠には太陽が容赦なく照りつける。朝日を見ていた時はまだ寒くてガタガタ震えていたが、時間が経つにつれてどんどん暑くなっていく。砂漠の昼夜の温度差は想像以上に激しい。

砂漠での日々は何もすることがない。長期旅行者でもないのに、一日何もすることがないなんて、とてもぜいたくな気分だ。

ホテルの従業員たちと一緒に、広大な砂丘を見ながら屋外で朝食をのんびりと食べ、一緒に後片付けをし、そのままキッチンで夕食の準備を手伝う。それが終わると、ラクダにエサを与え、水飲み場に一緒に連れて行く。そうすると、もう何もすることがなくなり、みんなは昼寝を始めた。

私は少し散歩に行こうと、太陽が照りつける砂丘を登り、上から景色を眺めた。すると、私の泊まっているホテルのはるか彼方に小さい点が見えた。そこには何か建物があるようだ。そこまで行ってみようと思い、砂丘をいくつも越えてやっとその近くにたどり着くと、それは小さな小屋だった。

中をのぞくと大柄な男性が眠っている。辺りを見回すと、小屋の横にある砂丘の頂上にイスが二つ置いてあり、男性が一人そのイスに座ってラジオを聞きながら、ボーっと目の前に広がる砂丘を眺めていた。

私がその男性のところに近づくと、彼は私に気付き、「まぁ座れ」という感じでもう一つの椅子をポンポンと叩いた。朝食の時にホテルの従業員に教えてもらった片言のアラビア語とフランス語であいさつすると、彼は微笑み、横に置いてあったポットに入ったチャイを注いでくれた。

「どこから来たんだい?」

その男性に聞かれたが、国のことを聞かれたのか、それとも今どこから来たのか聞かれたのか分からなかったので、

「アナ、ヤバーニャー。イスミ、カオリ」(私は日本人です。私の名前はカオリです)とアラビア語で言い、ホテルの方を指差して、歩くジェスチャーをした。

すると、男性は「そうか、そうか」とうなずき、それ以上何も言わず、そのまま前に広がる砂丘に目を移した。私もチャイを飲みながら椅子に座り、どこまでも延々と続く砂丘をいつまでも眺めていた。

その男性は私に話しかけることもせず、ただどこまでも続く砂丘を見つめながら、

年代物のラジオから流れてくる音楽に耳を傾けていた。男性はタンジェやフェズの人々のようにむやみに話しかけてくることはなく、それが私には心地良かった。

　この砂漠の周辺に住む人々は、何十年も変わることのない景色を見ながら、昔から変わることのない生活を日々送っているようだった。その男性が心穏やかなのも、いつまでも変わることのない景色を毎日見ているからではないかと思う。目の前に広がる広大な砂丘をいつまでもただ眺めていると、私はモロッコでのつらかった気持ちが徐々に癒されていくような気がした。

　日本では、十年も経てばすっかり周りの環境が変わってしまう。住宅街にはマンションが建ち、市街地には新しいビルが次々と作られ、街が忙しく変化し、動いている感じがする。でも、砂漠では人々の生活環境は、何十年前からほとんど変わっていないようだった。砂漠で変わるのは、風によってゆっくりと動く砂の地形だけだろう。

　ホテル周辺の砂漠は、「これぞ砂漠！」という感じで、どこまでも延々と赤い砂丘が広がり、風が吹くとその形がゆっくりと変化する。地面は「砂の指紋」といわれるように、砂が見事にしま模様を形作り、まるで風が作り出す芸術作品のようだ。人間が歩けばすぐ台なしになるが、ここには歩く人もいない。

砂はサラサラで、手でつかむと指の間からサーっと落ち、手のひらには一粒も残らない。誰も歩いていない砂の上を裸足で歩くのは最高のぜいたくだ。足跡一つなく、人工のものが何一つない赤い砂丘は美しく、いくら見ていてもあきがこない。

昼の砂丘も素晴らしいが、砂漠の夜も昼とは全く違う美しさがある。

夜になり、星を見ようと外に出かけた。ホテルの近くだと明かりで星が見えないので、真っ暗闇を歩いて砂丘を越え、できるだけ遠くへと進んで行く。ホテルから離れるにつれ、夜空にたくさんの星が輝き始めた。月が出ていない時は、星が一段と輝いて見え、星明りで真っ黒の砂丘の稜線だけがぼんやりと浮かび上がっている。

私は冷え切った砂の上に大の字に寝転び、満天の星空を眺めた。周りには山も川も何もなく、何の音も聞こえない。ひたすら砂の大地と星空だけの世界だ。地平線ぎりぎりまで星がきらめき、大河となった天の川から星が今にも落ちてきて、大地に降り注いできそうだ。何もない砂の大地の上に寝転んでいると、自分が星空に吸い込まれ、この宇宙と一体化しているような感じさえした。

砂漠で数日過ごし、モロッコに来てはじめてリラックスできたような気がした。ホテルの従業員たちとたわいもない会話をしたり、ラクダの世話をしたり、ホテルで飼っている生まれて間もない二匹の子猫と遊んだりしているだけだったが、私にとっては充実した日々だった。

ここまで来るのは大変だったが、本当に来て良かった。ホテルの従業員たちとも仲良くなり、みんな「もっとここにいるといい」と言ってくれて、私もそうしたかった。でも、私には時間が限られているので、いつまでもここにいるわけにはいかない。

今までに会ったモロッコ人は何をするにもお金を要求してきた。近づいて来てなれなれしく話しかけてくる人は何か企んでいるような気がして誰も信用できず、何をするにも身構えてしまっていた。

でも、このホテルの従業員たちは昔からの友達のように私に接してくれて、私も身構えたり孤独を感じたりすることがなかった。そして、何もない砂丘を見ていると心が休まり、がんばって旅を続けようと前向きに考えることができるようになっていた。

砂漠には何もないが、今までの旅で一番癒され、私はこのままいつまでも砂漠に滞在したいと思った。アリと出会えなかったら、このすばらしいホテルに泊まることはなかったし、他の街から朝日を見に来るパックツアー客たちのように、私も現地ツアーに参加し、砂漠に朝日だけを見に来ていたかもしれない。

旅に別れはつきもので、親しくなった人との別れはつらいが、それと同時に次の街でまたホテルを見つけなければならないとか、いろいろなことを考えるので、いつもなら寂しくても涙などは出ない。

でも、この時ばかりはアリやホテルの従業員たちの優しさを思うと、別れの時に感極まって思わず涙があふれてしまった。みんなに見送られながらミニバスに飛び乗り、目に涙をためながら、みんなが見えなくなるまでいつまでも手を振っていた。

砂漠でバス故障

素晴らしい砂漠を後にし、次の目的地の街まで行くバスに何とか間に合った。オンボロバスのトランクに荷物を入れようとすると、小さなトランクには私の荷物の入るスペースが全く残っていない。しかたなく、他の人たちと同じように私も屋根に荷物を乗せることにした。

バスの後ろに群がっている人たちに混じろうとすると、一人の日本人女性が手ぶらでその一部始終をぼんやり眺めていた。一人旅のようだったのであいさつをしたが、彼女の反応はそっけなかった。その反応が気にはなったが、それよりも荷物をバスの屋根に乗せなければと、私はもみくちゃになって必死だった。

私の荷物が無事屋根に置かれたのを確認してバスに乗り込むと、狭いバスはもう満席状態だった。さっきの日本人女性が座っている席の隣が空いていたので、そこに座ろうとすると、「連れがいるので」と、冷たい感じで断わられた。彼女の連れはモロッコ人男性だった。

あいさつをした時もなんとなく避けられているような気がしたが、私には特に思いあたるフシはない。せっかく砂漠で元気が回復していたのに、同じ日本人にそっけなくされ、少しショックだった。

空いている席を見つけて座り、窓側をキープできたと喜んだのもつかの間、そこはカーテンがなく、強烈な暑い日差しが差し込んでくるので、みんなが避けていた席だった。でも車内は満員で、通路はトランクに積みきれなかった荷物と座れなかった人であふれている。私もほんの少し遅ければ、荷物だらけの通路に立たなければならなかったところだ。とりあえず、席を確保しただけでもラッキーと思うしかなかった。

冬とはいえ、砂漠に照りつける日差しと暑さは強烈で、景色も単調なのでうとうとしていると、途中でバスが止まった。こんなところで誰か降りるのかなとぼんやり思いながらまた寝たが、しばらく経ってもバスは止まったまま動く気配がない。

はじめは、みんなおとなしくバスが出発するのを待っていたが、車内の暑さに耐えられず、何人かの乗客がバスの外で休憩し始めた。私の隣に座っていた老人も、席に荷物を置いたまま外に出て行った。

隣の人がいなくなっただけでもかなり涼しくなり、ホッとしていると、白人の男性が運転手に状況を聞きに行っていた。その男性が戻ってくる時に目が合ったので、聞いてみた。

「どうしたの？」

「トラブルだ」

彼はそう言って、私の横の席に勝手に座ってきた。

「ここは座っている人がいるから、そのうち戻ってくるよ」

「ノープロブレム。君の名前は？」

「カオリ」

「どこから来たんだ？」

「日本」

「そうか、日本人か！」

彼はそう言った後、年齢や仕事、彼氏はいるのかなど、やたらいろいろな質問をしてきた。なんだかなれなれしい人につかまってしまったと後悔していると、しつこいうえに、自分からあれこれ質問しておいて、「今度はカオリが僕に何か質問をしてくれ」と言いだす始末。

「あなたはどこの国の人？」

「よく聞いてくれたね。僕はモロッコ人だよ」

「モロッコ人⁉　でも、あなたの顔はヨーロッパ人に見えるけど」

「母親がスペイン人で、スペインとモロッコのハーフなんだ。僕はフェズに住んでいるんだ」

そうか、モロッコ人か……。それならこのしつこさも納得できる気がする。彼は話好きで、聞きもしないことをペラペラとしつこく話してくる。おまけに、背も高く肩幅もあるので狭い座席がより狭くなり、私は窓側にへばり付きながら、早く元の席に戻ってくれと願っていた。

私がいいかげん嫌になって、「疲れているから起こさないで」と寝たフリをすると、五分くらいはおとなしくしていたが、またわざわざ肩を叩いて話しかけてくる。「もう、いいかげんにしてくれー！」と、日本語で叫んでも、全く気にせず何度も話しかけてくる。

そのうち、隣に座っていた老人が戻って来て、「ここは私の席だ」と言ったようだったが、彼は「僕の席に行ってくれ」と、老人を追い払ってしまった。

彼から逃れるには席を立てばいいのだが、そうすると自分の座る席がなくなってしまう。私は暑い車内で途方にくれていた。

それにしても、バスはいっこうに動く気配がない。前方を見ると、運転手たちが通路の床を外してエンジンを修理しているようだ。日中の一番暑い時間帯なので、風が入ってこない車内は暑くてたまらない。

三時間ほどたってなんとか修理が終わり、やっとバスは再び動き出した。砂漠の中で蒸し風呂状態だった車内にようやく風が入ってきて、私は少し生き返った。

その後も、おしゃべりハーフ君のしつこい肩叩き攻撃を、私は寝たフリをし続けてひたすら耐えたのだった。

モロッコを旅する日本人

七時間後にようやく次の目的地であるティネリールの街に到着した。バスを降りる時、日本人女性にあいさつすると、今度は露骨に無視された。目が合ったから声をかけただけなのに、なぜ無視できるのか、その感覚が私には理解できない。

今回の旅で日本人に声をかけて、二回目の嫌な思いをしてショックを受けつつも、とにかくホテルを探さなくてはと、ガイドブックの大ざっぱな地図で現在位置を確認した。

すると、すぐにホテルの客引きたちに囲まれ、その中の一人が「僕のホテルはホットシャワーが付いていて、三〇ディラハム（約四〇〇円）だ」と言う。見に行くと、なかなか清潔で、ガイドブックに載っていたどのホテルよりも安かったので、そこに決めた。

そのホテルは一階がレストランになっていて、その中を通って奥の階段を上がると客室がある。一階のレストランに日本人男性三人と女性一人がいたので、あいさつをすると、またそっけなく無視された。

いつもなら、日本人同士が安宿などで会うと、気さくに声をかけ合って旅の情報交換をしたりするのに、なぜモロッコではこんなにそっけない日本人が多いのだろう。モロッコ人に嫌な思いをさせられて、みんな人間不信になってしまっているのだろうか。

客引きの男性が、日本人につれない態度をされた私に気をつかって、街にあるスーク（市場）を案内してくれることになった。

スークからホテルへ戻ると、一階のレストランでさっきの日本人四人組とは別の日本人女性が一人寂しそうに食事をしていた。あまりにも哀愁を漂わせていてつらそうに見えたので、私は思わず声をかけた。

すると、彼女はうっすらと涙をためた瞳を私に向け、「あぁ……、日本人ですか？」と、寂しそうな表情が少しだけ嬉しそうになった。私も今日は二回も日本人につれなくされてつらかったので、彼女の嬉しそうな返事にほっとした。

少し立ち話をしたが、私もお腹がすいていたので、一緒に食事をすることにした。お互いにモロッコに入ってからこれまで大変だったこと、つらかった出来事などを話しながら食事をした。私は久しぶりに言いたいことを満足に日本語で人に伝えることができ、それだけで嬉しかった。

私が声をかけた時、彼女はなぜか目に涙を浮かべていた。彼女も私と同じように夕ンジェからモロッコに入り、ずっと一人でつらいことばかりで精神的にまいっていて、その日は一日中泣いていたのだという。

私と話している時にも、つらかったことが思い出されたのか、何度も目に涙をためていた。彼女のつらい気持ちは、私にも痛いほど理解できた。彼女は令子さんといい、当時はまだ学生だった。彼女は、その日メルズーガからティネリールまで乗合タクシーで来ていて、私の隣の部屋に泊まっていた。

話をしていると、彼女はどうもメルズーガで嫌な思いをしたらしいが、何があったのか聞こうとしても表情が暗くなって目に涙を浮かべるので、その日はそれ以上聞けなかった。

彼女も私と同じようにモロッコが嫌になりかけていて、しかもレストランで例の日本人四人にもそっけなくされ、余計に落ち込んでいたようだ。「明日、この街の近くにあるトドラ峡谷に一緒に行こうよ」と誘うと、彼女はほんの少し笑顔を浮かべた。

翌朝、トドラ渓谷へ行くと、彼女の気持ちも落ち着いたのか、昨日聞けなかったメルズーガでの出来事を聞くことができた。どうも、メルズーガ滞在中に行った砂漠ツアーが最悪で、サハラ砂漠でゆっくりするのが目的だったのに、高いツアー料金にもかかわらず満足に楽しめなかったらしい。

そのツアーは人数が集まらず、結局彼女はツアーガイド兼ドライバーと二人っきりで行くことになってしまったそうだ。ツアーの間中、ずっとそのガイドにしつこく迫られ、見渡す限りの砂漠で誰にも助けを求めることができず、砂漠をゆっくり見ることができなかったらしい。夜も二人きりでテントに寝なければならず、迫られて一睡もできず、最悪な思いをしたという。

砂漠まで行って、嫌な思いをしただけというのではあまりにも悲しいので、私はもう一度砂漠へ行くよう彼女に勧めた。私が砂漠のホテルで癒された話をすると、彼女は砂漠のそばにホテルがあるのなら、もう一度砂漠へ行ってみようという気持ちになったようだった。

きっと私が泊まったホテルへ行けば、彼女もゆっくりと砂漠の中でリラックスでき、少しは元気を取り戻すことができるだろうと思い、砂漠のホテルへの行き方を詳しく教えてあげた。

後日、彼女から手紙が送られてきた。その後、彼女はメルズーガまで行ったものの、タクシーの運転手に無理やり違うホテルに連れて行かれるというアクシデントにあい、丸一日をムダにしながらも、その翌日、私が泊まっていたホテルまで自力でなんとかたどり着いたそうだ。

ホテルの従業員たちに親切にしてもらって心が癒されたようで、同封されていた従業員たちと砂漠の前で写した写真で、私は彼女の無邪気な笑顔をはじめて見ることができた。でも、帰国のためにモロッコからスペインへ戻ろうと再びタンジェに行った時、お金を全部盗まれて大変な目にあったようで、やはりモロッコを旅するのはきつかったとも書いていた。


ティネリールの街で令子さんとおみやげ屋に立ち寄っていると、怪しげな風貌の日本人男性二人が店に入ってきた。私が声をかけると、一人は日本人だったが、もう一人は中国系カナダ人だった。

日本人男性はアキといい、京都に住んでいて、東映の俳優だという。彼は京都の太秦で切られ役の侍を演じたり、劇場で行われる大物演歌歌手の舞台での時代劇に出演したりするなど、チャンバラを専門にしている侍役者だそうだ。

アキは飛行機でカサブランカに入り、そこからマラケシュとワルザザートを経由し、ティネリールへと来ていた。モロッコに入ってすぐイタリア人男性とカナダ人男性に出会い、その後ずっと三人で一緒に旅をしているそうだ。

でも、イタリア人がどうにも勝手気ままな性格で困っているとボヤいていた。そのイタリア人も後から来たが、三〇代後半に見える彼は落ち着きのない感じで、イタリアでもあまり仕事をしておらず、自分の父親にまだ甘えていると言っていた。

その後、アキたち三人と私たちは一緒にカフェに行った。みんなで話をしていると、イタリア人の携帯電話が鳴った。モロッコで買ったのかと思って見ると、それは当時出たばかりの大きな衛星携帯電話だった。電話の相手はイタリアの父親で、彼は父親に黙ってモロッコに来ていて、こっぴどく怒られているようだ。

電話で怒られている様子を見て、アキが「この人はいつも思いつくままに行動するから、俺たちも振り回されて大変なんだ。でもまあ、そんな旅もおもしろいかなと思って一緒にいるんだ」と言う。

イタリア人はほとんど英語が話せず、アキも英語は片言程度で、ほとんど日本語で話をしている。三人とも共通語もないのに、なんとか意思の疎通ができているのが見ていて不思議だった。アキは、「最初は大変だったけど、十日も一緒にいたらバラバラの言葉でもなんとなく意味が分かってくるんだ」と笑って言う。

アキたち三人は、明日メルズーガに行くと言うので、メルズーガの砂漠への行き方を教えてあげた。ガイドブックには砂漠への行き方があまり詳しく書かれておらず、砂漠に行きたい旅行者たちは、この街で何人か集まってタクシーを相乗りして行くことが多いようだった。

アキたちも私たちと同じホテルに泊まっていて、他にも日本人が泊まっているらしく、「三階の奥にあるソファールームにみんな集まってるぞ」と言われ、令子さんと一緒に行ってみた。すると、そこにはアキと二人の日本人男性がいた。

一人は二〇代後半で、日本を出て旅を続けて二年ほどになるそうだ。途中、お金がなくなると台湾へ行っては、日本語教師をしてお金を稼ぎ、また旅をしているそうだ。当時、台湾は日本ブームで、資格がなくても、日本語を話せるというだけで日本語教師の職が引っ張りだこで、日給は日本で肉体労働をするよりも高いらしい。

もう一人の男性は学生で、彼もスペインからフェリーでタンジェに入り、タンジェ・シンドロームになったようで、

「モロッコ人はタチが悪すぎる。前に三ヵ月間インドを旅した時も、物乞いがたくさんいたり、しつこい物売りがなれなれしく近づいてきてふっかけてきたり、とにかく大変だったけど、モロッコの方がもっとひどいよ！ みんなインドは大変って言うけど、モロッコを知ったらインドなんて大したことないよ！ モロッコ人は人を騙してなんぼの世界だ！」

と怒っていた。その言葉にみんな大きくうなずき、今までモロッコで嫌な目にあった出来事をお互い言い合って、うさを晴らした。

バスに乗るのも一苦労

モロッコの長距離バスに乗る時には、バス乗り場のそばにある建物でバスの乗車チケットを買い、次に、建物内にある大きなはかりで荷物の重さを量ってもらわなければならない。荷物の重量によって荷物代が変わってくる。

チケット売場や荷物量りの場所は、建物から出入りする人で常にごった返していて、人ごみに突っ込んでいかなければ、いつまでもバスのチケットは買えず、荷物を量ってもらうこともできない。

バスが到着してから荷物量りの場所に係の人が現れ、チケット売場が開くので、バスに乗るまでとても時間がかかる。さらに、モロッコでは順番に並ぶ習慣がないのか、みんな我先にと小さい窓口に殺到し、よけいに時間がかかってしまう。

乗客も多く、早くチケットを買わないとバスに乗れないかもしれないと、気があせってしまう。後ろから押されたり、押し出されたり、もみくちゃになりながらやっと窓口近くにたどり着いても、至るところから手が伸びてきて、私のお金は全く受け取ってもらえない。

モロッコではバスのチケット一つ買うにも、人を押しのけるだけの気の強さがないと簡単にはいかない。結局、やっと私がチケットを買えた時には、モロッコ人はもう全員買い終わっていて、残っていたのはヨーロッパ人と私だけだった。

やっとチケットを手に入れても、次は荷物の重さを量ってもらわなければならない。ここでも同じようにはかりのそばでたくさんの人がもみくちゃになっている。みんなが我先にとはかりに勝手に自分の荷物をのせるので、係の人も他の人の荷物をどけながら量っている。

殺気立っている人ごみにもぐり込んだり、勢いで押し出されたりしながら、やっと私の荷物を量ってもらえたのは、またヨーロッパ人と一緒で最後だった。

でも、これで終わりではない。次は、自分でトランクに荷物を積み込まなければならない。でも、先に荷物を量り終えたモロッコ人乗客が、ダンボール箱や大きな荷物を小さなトランクにすでに押し込んでいて、荷物を入れるスペースがなくなっている。

あとはバスの屋根の上に積むしかない。

重い荷物を背負ってバスの屋根によじ登り、荷物をくくり付けないければならないが、自力で荷物を上げることができずに困っていると、背の高いヨーロッパ人男性が手伝ってくれて、なんとか無事に荷物を屋根にのせることができた。

モロッコでは、これほど大変な目にあわないとバスにも乗れない。そして、乗り込んでも座席の確保を忘れてはならない。バスに乗るのも体力勝負だ。

アトラス山脈越え

モロッコの旅で最後の目的地、マラケシュへと移動した。

マラケシュ行きのバスは乗客が少なく、珍しくチケットもスムーズに買え、荷物もすぐに量ってもらうことができた。

フェズからメルズーガの砂漠に行く時にもアトラス山脈を越えたが、このバスはまた別のアトラス山脈越えのルートを走る。行きは夜中で何も見えなかったので、今回はあえて昼間に乗ることにした。

ティネリールで会ったアキが、「アトラス山脈越えの景色は最高に美しかったぞ。今度は昼に乗って、景色がきれいな右の窓側の席に絶対座れ」と強く勧めてくれたので、私は急いで右の窓側の席に座った。でも、そのバスは空席も多く、今までになくゆったりと座ることができた。

アトラス山脈は四〇〇〇メートル級の山々が連なり、ここを境に北側は地中海性気候、南側はサハラ砂漠の砂漠気候と、モロッコの気候や風土を二つに分け隔てている。

バスが走り始めると、窓から見える景色は今までのモロッコの景色とはまた違う美しさを見せる。でも、アキはアトラス山脈の山深いところの景色が最高に美しいと言っていたので、まだアトラス山脈にも入っていないのに喜んでいる場合ではない。

バスの前方には、目の前に立ちはだかる壁のようなアトラス山脈の山並みが迫ってきて、その高さは想像以上だった。頂上付近は雪で白くなっていた。

カーブだらけの狭い山道に入っていくと、バスの右側は断崖絶壁で、はるか二〇〇メートルぐらい下に川が流れているのが見える。よく見ると、崖下には車やトラックが何台も転落しているではないか！

　こんなところで転落したら、誰も助けに来てくれないだろうし、自力ではい上がることもできないだろう。転落した車やトラックの運転手は助かったのだろうか？　仮に一命をとりとめたとしても、この断崖絶壁をどうやって登ったのだろう？　そんなことを考えながら崖下を見ていると、山道のカーブの揺れが心地良くなってきて、だんだん睡魔が襲ってきた。

　起きて景色を見なければという意志に反して、まぶたは少しずつ下がってきて、ついに私は眠りについてしまった。

　うとうと寝ているとバスが止まった。トイレ休憩かと思っていたが、一時間経ってもバスは動かない。外を見ると雪がちらついていて、バスの前は大渋滞だ。バスの乗客に聞くと、どうも先で事故があったらしい。バスはエンジンを切ってしまい、車内は寒くてたまらない。

　その後、一時間半ぐらいして対向車が走って来て、やっと動くと喜んだのもつかの間、事故現場付近は一方通行で、結局私たちのバスが動いたのは三時間後だった。

事故現場を通ると、バスの側面のど真ん中にタクシーが斜めに突き刺さっている！タクシーのボンネットはぐちゃぐちゃで、バスに食い込んだままになっているのに、運転手と乗客は中に乗ったままだった。

タクシーの乗客は五人で、運転手を合わせると狭い車内に六人も乗っている。後ろの座席は四人も座っていてギュウギュウ詰めで、窓側の女性は窓から上半身を出してうなだれている。簡単にはバスから引き抜けなかったのか、道をあけるためにバスごと崖側に移動させられたようだった。

あの後、事故を起こしたタクシーとバスは、寒いアトラス山脈の山中でどうなったのだろう？

再びバスが走り始め、私は窓からの景色を見なくてはと思いながらも、やはり睡魔には勝てなかった。せっかく美しい景色を見ようと気合を入れていたのに、結局ほとんど見ることができなかった。アトラス越えで私が見たのは、バスに突き刺さったタクシーとうなだれている乗客だけだった。

砂漠まで届いていた日本のニュース

マラケシュの街で、私はラマダーンを体験することができた。

ラマダーン（太陰暦の九月）は、イスラム世界の断食月を意味する。断食はイスラム教徒の義務の一つで、年一回一ヵ月間、日の出から日没まで飲食が禁止され、信仰深い人は自分のツバすら飲み込まないという。ただし、コーランには妊婦や病人は断食をしなくても良いと書かれている。

私たち旅人には断食は強制されないが、ラマダーン月はオフィスアワーが短縮され、ほとんどの店が閉まってしまう。飲食店も夕方まで閉まるので、結局旅行者も昼間は食事にありつけない。日が沈めばイスラム教徒も思う存分飲んでも食べても良いので、ラマダーン月の夕食時は毎日がお祭り騒ぎのようになり、真夜中まで街がにぎわう。

イスラム教徒たちは日の出前に起きて食いだめをし、日が出たらおとなしく過ごすらしい。夕方頃の街は、空腹とのどの渇きでイライラした人たちで車の運転も荒くなり、殺気立つと聞いていた。明日からそんな街の変貌ぶりを体験できるのかと思うと、私はワクワクした。

翌日、ラマダーン初日のマラケシュの街は、日本の正月のように静まり返っていた。夕方近くになってくると、徐々にスークの店が開き始めた。日中は店が閉まっていたので、私は朝からまともに食べ物や飲み物を口にできなかった。

マラケシュの中心にあるフナ広場のベンチに座り、明日はどうしようかと悩んでいると、「すいませーん、日本人ですかー?」と遠くから大きな声がした。キョロキョロ周りを見回すと、日本人男性が駆け寄って来るのが見えた。彼は野村君といい、会社の正月休みでモロッコに来ていて、昨日日本を出たばかりだという。

私には日本人を見かけたら聞きたいことがあった。それは、ティネリールのホテルの従業員が、「日本人の有名な映画スターが自殺した」と言っていたので、それが誰だったのか知りたかったのだ。

はじめは疑っていたが、彼は、「本当だよ。さっき衛星テレビのニュースで流れていたんだ。名前は忘れたけど有名な映画スターだよ。日本人なら必ず知っている人だよ」と興奮気味に言っていた。その後、日本人と話をする機会があるたびに聞いていたが、誰も知らなかった。

野村君にもさっそく聞いてみると、「それって、もしかして伊丹十三のことかな?」と言った。意外な答えだったので、「えー!」と、私は周りの人が振り向くほどの大声で驚いてしまった。そして彼は、「三船敏郎も死んだよ」とまた驚くことを言った。日本を離れてたった二週間しか経っていないのに、私はもう浦島太郎状態で、彼とは初対面だったにもかかわらず、日本のいろいろなニュースを教えてもらい、話を興味しんしんで聞いた。

その時、街中にサイレンが響き渡り、街行く人が歓声をあげた。時刻は十七時四五分。いったい何事かと私たちがキョロキョロしていると、通りすがりのモロッコ人が、「断食の時間が終わったんだ。もう飲み食いしてもいいんだよ」と教えてくれた。

それを聞いて私たちも歓声をあげ、知り合って五分も経っていないのに二人で手を取り合って喜んだ。今日は店が昼間開いていなかったので、二人とも一日中飲まず食わずだった。彼との話は尽きず、立ち話もなんだからということで食事に行くことになり、私たちは夜遅くまで話をした。

砂漠の小さな町で、「日本人俳優が自殺した」と教えられた時、最初は「それってほんとに日本人？」と半信半疑だった。なぜなら、日本の芸能人のニュースが日本から遠く離れたモロッコの砂漠の小さな町まで流れているとは、とても思えなかったからだ。

でも実際は、モロッコの小さな町でも衛星放送が普及していて、日本のニュースも流れていた。私たちには、発展途上国の人々は日本より遅れているという先入観があるかもしれないが、本当は日本人よりも世界の情報を知る手段があり、世界に目が向いているのかもしれない。

モロッコに限らず、イスラムの国の人々は、衛星放送からの情報で一般の人でも日本や外国のことをよく知っている。それに比べて、私はイスラムの国のことをあまり知らないので、申し訳なく感じてしまう時がある。

夜遅くにホテルに戻り、シャワーを浴びに行くと、久しぶりに温かいお湯がちゃんと出てきた。モロッコに来てからというもの、ホテルのシャワーでお湯が出たことがなく、毎晩震えながら水シャワーを浴びていたので、まともに体を洗うことができなかった。久しぶりに温かいお湯を浴びることができ、私は一人で喜びを感じた。

そのホテルは、一泊五〇〇円という安さにもかかわらず、掃除が行き届いていて清潔で、ベッドも枕もフカフカで、実に快適だった。

今日は大みそか。深夜〇時頃、除夜の鐘の代わりのように雷がゴロゴロと鳴り響き、空もピカピカ光って、土砂降りの雷雨となった。一九九八年の年明けは、激しい雷雨の年越しだった。

断食体験

翌日、昨晩の大雨がやんだので朝早くから街に出かけると、街は今日もゴーストタウンのように静まり返っていた。

昼過ぎにフナ広場に行くと、カフェが一軒だけ開いていた。中に入ると、日本人男性が二人いた。その一人は芸術家だという。七ヵ月前に日本を出て、マラケシュにはもう一ヵ月もいるそうだ。「こんな何もない街に一ヵ月も？」と思ったが、私には魅力が感じられないこの街も、芸術家には刺激があるようだ。ラマダーン月でなければ楽しい街なのかもしれない。

昨日のフナ広場は閑散としていたが、今日は夕方前になると徐々に大道芸人たちが現れ、それぞれの芸を披露し始めた。

モロッコ版の漫才で取り囲んだ観客を笑わせている二人組や、父親の司会進行に合わせてアクロバットを披露する子供たち、一輪車に乗りながらジャグリングをする男性、カゴに入ったコブラをミニラッパで出したり入れたりしているヘビ使いなどで、広場はにぎわっている。

夕方近く、徐々に店が開き始めたメディナを三人で歩いていると、焼きたてのパンが売られているのが目に入った。それを見た私たちは三人とも無言で立ち止まり、目がパンにくぎ付けになった。

ラマダーン月の断食は観光客には強制されないが、私はせっかく断食を体験できるのならと、イスラム教徒たちのように断食をしていた。そもそも、レストランも開いていないので、そうせざるを得ないという事情もあった。といっても、飲み物は飲んでいた。

とにかく、焼きたてのおいしそうなパンの何ともいえない香りに、三人とも今まで忘れていた空腹感が一気によみがえってきた。そして、私たちは誘惑に負け、そのパンを買ってしまった。「日没のサイレンが鳴るまで待とう」と、お互い自分に言い聞かせるように言いながら我慢していたが、やっぱり空腹を抑えきれなくなってきた。

でも、モロッコ人たちが空腹をがまんしているのに、その目の前でパンを食べるのは失礼すぎる。頭の中は、パンを食べたい、いやダメだ、と自問自答で葛藤していたが、結局我慢できず、私たちはいつの間にか「どこで食べよう」と相談し始めていた。

そして、ここなら人は来ないだろうとメディナの奥の細い裏路地に行き、キョロキョロと周りを見回しながら隠していたパンを出し、みんなで無我夢中でかじりついた。

すると、不意にモロッコ人男性が現れた。

「ボ、ボンジュール」

私たちがあわててパンを隠し、ぎこちなく愛想をふりまくと、その行動が不審に思えたようで、

「お前たち、今ハシシ（麻薬の一種）をしてただろう」

と怪しまれた。想像もしていなかったことを言われ、私たちはアタフタしながら言った。

「ノー、ノー」

「じゃ、今何を隠した？」

追及されたが、私たちは「パンを食べてました」とは言えなかった。

私はたった二日間断食を体験しただけで、我慢ができず断念してしまった。どうがんばっても私はイスラム教徒にはなれないだろう。イスラム教徒たちは、こんなつらいことを毎年一ヵ月間もよくできるものだと改めて感心した。


その日は、芸術家の日本人男性がモロッコ人の友達と待合せをしていて、私たちも一緒にその友達の家へ遊びに行くことになった。その道すがら、男性がその友達のこ

とを話してくれた。

モロッコ人は、観光客にすぐお金を要求する人や気性の激しい人が多いが、その友達はそんな感じではないという。父親の体が悪く、もう何年も仕事ができないので、まだ十七歳なのに小学生の時から仕事をして家計を助けているそうだ。

彼はメディナのおみやげ屋で働いていて、会ってみると他のしつこいおみやげ屋の店員とは違い、口調も優しく、いかにも好青年だった。

彼の家に着くと、私たちの訪問が突然だったにもかかわらず、五人の兄弟姉妹がみんな大喜びで迎えてくれた。家は狭く、部屋の奥には毛布にくるまった老人のような彼の父親が寝ている。母親は、

「この子が働いてくれているからこうして生活ができるの。この子がいなかったら、私たち家族は今ごろどうなっていたか……」

と、父親が倒れて大変だったことを思い出したのか、涙ぐみながら話をしてくれた。

最初会った時、彼の笑顔がさわやかだったので、そんな苦労をしているようには感じられなかった。彼は外国人と話をするのが大好きで、観光客から教えてもらった独

学の流暢な英語を話していた。彼の前向きさには、頭が下がる思いだった。

芸術家の男性が彼から聞いた話によると、彼の給料はモロッコでも安い方だが、まだ仕事があるだけましで、モロッコでは大学を卒業しても職に就けない人がたくさんいるそうだ。

日没のサイレンが鳴り、家族みんなが大喜びしたが、いっこうに食事をする気配がない。私たちがいるからかと思い、帰ろうとすると小さい子供たちが料理を運んできてくれた。

モロッコではラマダーン月には豪華な料理を作るというが、その料理は質素なもので、ジャガイモをすってペースト状にして、塩こしょうで味付けをしたスープだけだった。生活が貧しく、貴重な食事を分けてくれているにもかかわらず、家族が笑顔でごちそうしてくれたことが私には心にしみた。

食事中、テレビでクイズ番組をやっていて、司会者が、「正解者にはメッカ巡礼の旅をプレゼント！」と言うと、スタジオ観客席から「ウォー！」という歓声が上がった。見ていた家族も一緒に歓声を上げたが、その後でため息をつき、みんなうらやましそうに眺めていた。

「メッカ巡礼って、そんなにすごいことなの？」

「そりゃそうだよ。メッカ巡礼は僕たちイスラム教徒みんなの憧れなんだよ。でも、僕たちは貧乏だから行けないんだ」

彼の言い方はいかにも悲しそうだった。帰る時、食事をごちそうになったお礼にと、持っていたボールペンやマジックペン、たくさんのアメを子供たちにあげた。モロッコではボールペンやマジックペンは高価なのか、それとも彼の家が貧しいからなのか、みんなとても喜んでくれた。本当は食事代ぐらいは置いていきたかったが、彼はお金はどうしても受け取ってくれなかった。

モロッコ人の中でも裕福ではない人々の生活を垣間見て、私たちは少しつらい気持ちになってしまい、彼の家を出てからあまり言葉がなかった。私たちはバックパッカーで貧乏旅行者だとか言っているが、モロッコ人から見れば、日本から遠く離れたモロッコまで来ることができるだけでも、金持ちに他ならないだろう。

モロッコを振り返って

スペインとモロッコを旅して、言葉について一つ気付いたことがあった。アジアなどでは、例えばタイなら公用語がタイ語でも、一般の人、特に観光客相手の仕事をしている人なら、英語がまず通用する。でも、今回の旅はそうではなかった。

スペインの首都マドリッドの国際空港のインフォメーションでさえ、英語が全く通じなかった。モロッコでは公用語はアラビア語で、英語はほとんど通じず、アラビア語以外でよく通用しているのは、フランス語とスペイン語だった。

英語は世界共通語と言われるが、過去に植民地支配があった国々などでは、言葉にもその影響が大きい。モロッコを旅している間、英語は全くといっていいほど通用しなかった。それまで、私は一般的に名前が知られている国や観光客の多い国なら、まず英語は通じると思っていた。

今までの旅では、英語が聞き取れない、流暢に話せない、という引け目があったが、今回の旅ではそんなことは全く関係なく、英語が話せても何の意味もなかった。

私のこれまでの経験では、旅の終わり頃になるといつも充実感があふれていて、帰国したくない気持ちになっていた。でも、モロッコの旅では精神的にすっかり疲れきってしまい、リフレッシュしたという感じはなかった。

モロッコ人は気性が荒く、モロッコ人同士がお互いのツバがかかるほど顔を近づけて言い合いをしている場面を何度も見た。それに、のんびりしていたらいつまでたってもバスに乗れなかったりして、私も知らず知らずのうちに行動や振舞いが荒々しくなり、気性も激しくなってしまっていた。

日本に帰ってからもしばらくの間は、電車の切符を買う時に、自動券売機に急いで駆け寄って我先に買おうとしたり、無意識に列を無視して電車に乗り込んだりしようとしたこともあった。

モロッコは、街や砂漠には素晴らしい景色があり、観光の見所も多いが、モロッコ人にはホトホト疲れ果てたというのが正直な感想である。常に、この人は信用できるだろうか、怪しい人物ではないか、と警戒するタンジェ・シンドロームに悩まされていた。

モロッコでは、アトラス山脈を境に気候も景色もまるで変わる。地形や風土だけではなく、人間性も山脈を隔てて違っているように感じた。

アトラスの南側のサハラ砂漠には、ベルベル人といわれる先住民族が住んでいて、彼らは地中海側のアラブ系民族をあまり良く思っていなかった。アラブ系民族とベルベル人の違いは、外見ではあまり分からない。ベルベル人は多少肌の色が日焼けしているぐらいである。

砂漠のホテルの従業員もそうだったが、ベルベル人は穏やかで、地中海側の人々のように言い争いをしている姿は見なかった。ベルベル人たちはアラビア語を嫌い、ベルベル語という独自の言葉を使い、自分たちを誇りに思っていた。

インドに物乞いが多いことは有名だが、モロッコでも負けず劣らず多いことには驚いた。それまでも私は物乞いがいる国に行ったことはあったが、それはたいてい子供だったり、小さい子供を抱いた母親だったりした。

でも、モロッコでは手の指や足がない人や、白内障が原因なのか目が見えない人、目がつぶれている人などが物乞いをしている姿をよく見かけた。両足がなく手作りのボードを足代わりにして、手で押している人も見かけた。

体の不自由な物乞いが両足の切れている傷口をあえて通りすがりの人に見せている姿は、あまりにもむごく、胸にこみ上がるものがあり、私はその姿を直視できず、下を向いて足早に通り過ぎていた。足や手の切断部分は傷口がぐちゃぐちゃで、生まれつきのものではなく、適当に手当てがされているような形跡があった。モロッコには地雷もないだろうし、戦争もここ何十年とないのに、どうしてあんなに手足のない人が多いのか不思議だった。

後で聞いた話によると、本当かどうかは分からないが、家があまりにも貧乏なので、生きていくため、お金を恵んでもらいやすいように、道行く人の同情を引きやすいようにと、子供の手足を親が切断したり、自ら手足を切ったりして、物乞いをしているのだそうだ。

イスラムの教えでは、そういった人を見たらお恵みを与えるのがお金を持っている人の役目なので、フェズのガイドも物乞いにコインを渡し、私にも「払え」と言った。モロッコに来るまでは、モロッコという国は治安も良く、ヨーロッパなどからの観光客が多く、貧しい人はそれほどいないと思っていた。でも、現実はそうではなかった。

私がモロッコに行ったのは一九九七年十二月だった。その頃は、ここにも書いたように旅をしにくい国だった。その後、二〇〇〇年以降にモロッコを旅した人たちは、タンジェは天国のように穏やかだったと言っていた。その代わり、フェズやカサブランカなどの街で、しつこい自称ガイドに少し付きまとわれたとは聞いたが、私の経験したタンジェのようにひどいものではなかったようだ。

徐々にモロッコも旅しやすい国になってきているのかもしれない。また、そうあってほしい。

チュニジア

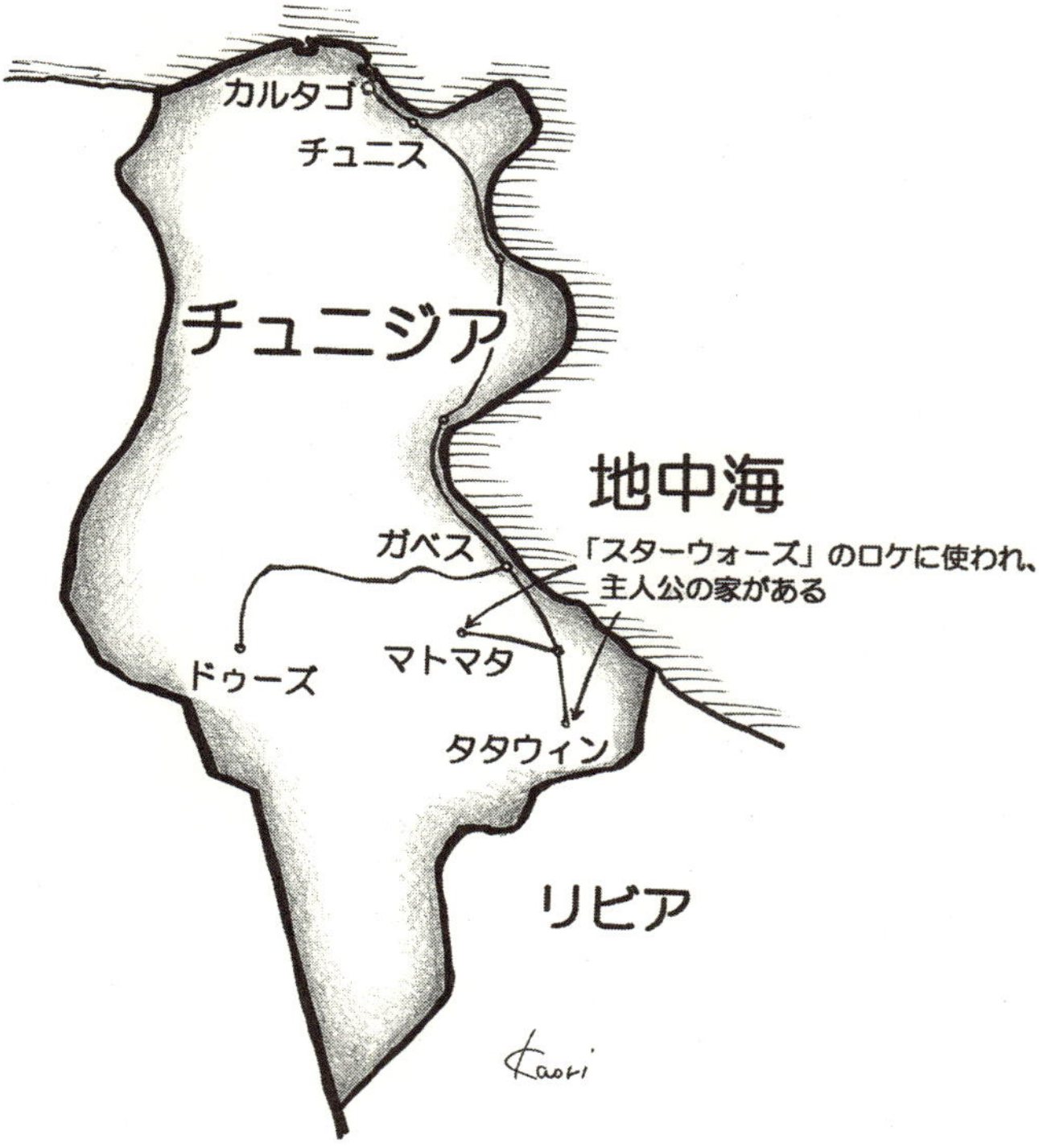
カルタゴ
チュニス
チュニジア
地中海
ガベス
「スターウォーズ」のロケに使われ、
主人公の家がある
ドゥーズ
マトマタ
タタウィン
リビア
Kaori

旅の相棒

モロッコを旅した後、私は精神的にまいってしまい、今度は一人旅じゃなくて、一緒に行く友達がいればなぁ、もう一人はつらすぎる……と思うようになっていた。でも、一緒に行く友達を探すのもなんだか面倒だし、次は無難なアジアの国に行こうかと弱気になっていた。

そんな時、昔タイで知り合った桜井君から電話があった。

彼は、私がモロッコに行った正月休みにスリランカに行っていた。スリランカの旅では、日本を出てから欧米人旅行者や日本人旅行者と全く会うことがなく、しかも観光地が分散していて、バスもなかったので、一週間ジープをチャーターして観光地を回ったそうだ。一人なので一週間のジープ代は高くつき、それにずっとドライバーと二人きりだったので、二日目からは話題もなくなり、一週間ほとんど無言だったという。彼も私のモロッコの旅と同じように、結構寂しい思いをしたらしい。

彼とは、それぞれが旅をした後、お互いにその報告をし合って情報交換するような関係で、今回はたまたま二人とも一人旅に疲れきっていた。「それなら、一人じゃ行きづらい国に二人で行こう」という話になり、その後中米のグァテマラとホンジュラス、南アフリカとジンバブエへと立て続けに一緒に旅行した。

彼との旅は毎回トラブルやハプニングの連続で、ドタバタした大変な旅になってしまう。でも、それが結構楽しかったりして、年に一度は一緒に気ままな旅をしている。よく、「二人はどういう関係？」と旅先で出会った人に聞かれることがある。でも、恋愛感情などは一切なく、二人とも純粋に旅を楽しむことが目的なので、一緒に旅してもお互い相手には必要以上に干渉しない。行きたい場所が同じなら一緒に行動し、違えば数日でも別行動するという、そんな気楽な関係だ。

行きたい国や興味のある場所もだいたい同じなので、行きづらい国に行く時は、とりあえずお互い声をかけようという暗黙の了解ができ、彼は私の旅の相棒のような存在になっていた。

二人で行きたい国を言い合う時、いつも出てくるのがチュニジアだった。

私がチュニジアという国を知ったのは、昔見たテレビの旅番組がきっかけだった。その番組では、チュニジア南部の何もない砂漠の地面にある、至るところに掘られた巨大な穴が紹介されていた。

それは直径十メートル、深さ六メートルほどの円錐状の穴で、住居として使うために掘られたものだった。その底からは、横四方にいくつもの部屋が作られている。最初は敵から身を守るための住居だったが、暑い砂漠では地下の方が涼しく快適に過ごせるので、この住居が広まったという。

実は、その地下穴住居は、『スターウォーズ』の主人公ルークの実家として映画にも出てきている。桜井君は『スターウォーズ』のファンだったようで、その話をするととても行きたがっていた。私もそのおもしろそうな住居を見たくて、そして、大好きな砂漠にまた行きたいという思いも強かった。

でも、その当時チュニジアに関するガイドブックはほとんどなく、まだインターネットも普及しておらず、情報はゼロに等しかった。チュニジア大使館に問い合わせて資料を手に入れたりしたものの、安宿や移動手段など、個人旅行者にとって一番重要な情報は得ることができなかった。

行くとしたら十二日間ほどの日程になるが、ガイドブックもなしでそれだけの日数を旅するとなると、現地での移動がスムーズにできず、行きたい場所にも行けないかもしれない。

そこで、いつも愛用しているガイドブックの出版社に出版予定を問い合わせてみると、「半年後に出るので、もう少し待っていてください」といううれしい答えが返ってきた。私たちはガイドブックが出たら、すぐに行こうと計画を立てた。

そして、モロッコへの旅の二年後の九月に、桜井君とチュニジアに行くことになった。


チュニジアへ向かう途中のタイのバンコクでは、トランジット（乗継ぎ）の時間が長かったので、久しぶりに市内へ出て観光することにした。

空港から外に出ると、いつもの熱気があまり感じられず、少し涼しい風が吹き、曇り空で今にも雨が降りそうな天気だった。バスに乗って窓から空を見上げると、私たちが向かっている方向は真っ黒い雲におおわれ、稲妻も光っていた。南国特有のスコールである。

徐々に風が強くなってきて、道路を歩いている人も歩くのが大変なほどの強風が吹いている。傘をさしている人は、傘がひっくり返って飛んでいきそうになっていた。激しいスコールのエリアに突入すると、バケツをひっくり返したような大雨で、道は水浸しで大渋滞だった。

街に着いても、大雨で観光には出かけられず、とりあえず食事をしようとレストランに駆け込んだ。

私は、チキンライス（約一〇〇円）とバナナジュース（約五〇円）を頼んだ。

「じゃ、俺はパイナップルライス」

「えっ⁉　パイナップルライス？」

そんな料理はメニューには載っていない。パイナップルが好きというだけで、メニューにも載っていない料理を堂々と店員に注文する彼に、私は唖然とした。

店員に聞き返されても、彼が平然と「パイナップルライス」と答えるので、困った店員はどんな料理かと彼に聞いた。彼が、「ライスとパイナップルを炒めて」と説明すると、店員は首をかしげながら厨房に戻って行った。

そして運ばれてきたのは、彼の指示どおりパイナップルとライスだけを炒めたピラフで、どう見てもおいしそうではない。でも、彼は満足げにそれを平らげていた。

彼は少しユニークなところがあり、温和で暖かい雰囲気をかもし出すムードメーカー的な存在だ。でも、朝はたいてい機嫌が悪く、お腹が空くと無言になる。

そんな彼は見ているだけでもおもしろく、私の旅をより楽しいものにしてくれる。

チュニジアと朝の光景

チュニジアはアフリカ大陸の北端のほぼ中央にあり、地中海に面している。北の地中海沿岸部は、白い壁に鮮やかなブルーの窓枠の建物が並び、イスラムの国というより、のどかな地中海の島々に来たかのようだ。

チュニジアの首都チュニスには、十三世紀にイスラム都市として繁栄したメディナと、十九世紀後半にフランスの植民地時代に建設された新市街がある。

新市街には街の中心に大聖堂があり、ヨーロッパ風の建物が立ち並ぶ西洋的な街並みが広がり、至るところにピンクのブーゲンビリアが咲いていて、木々もたくさん植えられている。街並みはきれいで、おしゃれなオープンカフェもあったりして、ここは本当にイスラムの国かと思うほど西洋的である。

ヨルダンやモロッコの街中ではあまり女性を見かけなかったが、ここチュニスではたくさんの女性が街中を歩いている。服装も自由なスタイルで、西洋的なファッションに身を包み、ベールなどで顔をおおっている女性はいない。

街を歩いていても、モロッコのように男性から「どこへ行くんだ?」と、金銭目的で声をかけられるようなこともなく、ゆっくりと街を歩くことができる。街の雰囲気が穏やかだからか、チュニジア人も穏やかで、男性は紳士的で親切だ。

言語はアラビア語が基本だが、フランスの植民地だったため、フランス語も全土で一般的に話されている。英語は観光客がよく泊まるホテルなどでしか通じない。

チュニジアは内政が安定していて治安も良く、モロッコのような物乞いは全くおらず、観光地化されているので、ヨーロッパ人観光客がたくさん訪れている。私もこのチュニジアという国がすぐに気に入った。

チュニスでは、外もまだ真っ暗な五時頃にアザーンが街中に響き渡り、毎朝その音で眠りを邪魔された。街並みや人々の服装など、チュニスではあまりイスラムの国にいるという感覚がなかったが、このアザーンを聞いて、「そうだ、ここはイスラムの国だった」と再確認させられた。

七時頃に起きて外に出ると、街はもう通学や通勤の人たちでいっぱいで、学校へ行く子供たちはみな同じ制服を着て、同じカバンを持っていた。集団登校をしているようで、低学年の子供たちは自分の背中と同じくらいの大きさのカバンを背負って、二人ずつ手をつなぎ、列を乱すと上級生が下級生を注意したりしていて、微笑ましかった。

カフェで朝食を食べようとしたが、どのカフェも満席で、立ったままコーヒーとパンを食べている人までいる。チュニスの人は、朝食を家で食べずにカフェで食べるのだろうか？

ビルの隙間の奥にあるカフェを見つけ、やっと入ることができた。その店の一階ではたくさんの男性がパンとコーヒーを食べていた。チュニジアは昔フランス領だっただけあって、コーヒーとパンがとてもおいしく、パンも焼きたてでフカフカだ。

二階に上がると、別に男女が分けられているわけでもないのに、若い女性ばかりだった。チュニジアの女性は目鼻立ちがはっきりしていて、目を見張るほどの美人が多い。みんな今から仕事に行くような感じで、朝食を食べながら仕事の書類に目を通したり、手帳のスケジュールをチェックしたりしている。服装もおしゃれで、キャリアウーマン風の人たちばかりだった。

イスラムの国でこんな風に女性が仕事をしたり、半袖の服を着て肌を露出したりしている国は珍しいのではないだろうか。「女性は肌を出してはいけない」というイスラムの戒律はどうなっているのだろう？

チュニジア南部の小さな町へ移動しようと路線バスに乗った時、車内に通学中の小学生の子供たちがたくさん乗っていた。子供たちは行儀が良く、チュニスでもそうだったが、みんなお揃いのきれいな制服を着ていた。

小学生たちは見慣れない私たち外国人が気になるようで、私が窓の外などを見ていると、私をジーっと観察し、私がその子供たちに目線を移すと、あわててソッポを向くという感じで、はにかみ屋さんばかりだ。

一人の男の子がみんなにせかされ、「ボンジュール」と声をかけてきた。

「ボンジュール、サバ?」（こんにちは、元気?）

と私も返すと、周りの子供たちが大はしゃぎする。私はアラビア語も使ってみた。

「アナ、ヤバーニャー」（私は日本人です）

「オー！　ジャポネ。ジャポネ！」

私は子供たちに取り囲まれ、私が片言のアラビア語やフランス語を話すと、みんな大喜びする。

フランス語の発音も難しいが、アラビア語も喉の奥から声を出す独特な発音なので難しい。私もがんばって喉の奥から発音しているつもりだったが、まだまだ甘いらしく、子供たちに何度も発音が違うと注意された。バスの中はアラビア語の授業のようになり、一気ににぎやかになった。

チュニジアでは、政府の年間予算の二〇パーセントが教育費に充てられ、六歳から十六歳まで国民全員が義務教育を無償で受けることができるようになっている。バスも通学の時はタダで乗ることができる。最近では大学も増えていて、大学に進学する生徒も増えているそうだ。

チュニジアは政治や産業が安定しており、人々の生活も安定していて、教育にも力を入れている。そのせいか、人々は穏やかで、特に子供たちは行儀が良い。

モロッコでは人々が激しく言い争っている場面を何度も見たが、チュニジアではそんな光景は全く目にしなかった。同じ北アフリカの国なのに、国が違えば人々の性格まで違うようだ。

バスが学校の前で停まると、子供たちは運転手にお礼を言って降りて行った。そして、私に手を振り、正門の前で出迎えている先生のもとに楽しそうに駆け寄っていった。

そんな光景からチュニジアという国が、いかに平和で人々の心が純粋なのかうかがい知れた。

血だらけの男性

私はチュニジアの民族音楽や流行曲のテープが欲しいと思っていたので、チュニスでカセットテープ屋に立ち寄った。

その店は狭いのに、たくさんの客であふれかえっていた。壁一面、天井に届く高さまでたくさんのカセットテープが陳列されていて、何が何だか分からなかったので、店員におすすめのテープを教えてもらい、レジで代金を支払おうとすると、急に私の前に男性が割り込んできた。

見ると、その男性は今ケガをしたばかりのような感じで、頭から大量の血を流している。私がびっくりしていると、男性は血を流しながら私に向かって微笑んだ。血を流しながら微笑まれても、怖いものは怖い。

すると、男性はレジのおばちゃんと興奮した口調で言い合い始めた。大声を出しているからか、言葉を発するたびに頭から血がドクドクと流れ出る。そのうち顔半分が血だらけになり、肩にボタボタと血が落ち、服まで血に染まってきた。アラビア語で話しているので、何を言っているのかさっぱり分からず、私は横でただ唖然とするばかりだった。

二人の言い争いは一段と激しくなってきたが、店内は大音量の音楽が流れているので、満員の客は誰も二人が口論していることに気付いていない。レジのおばちゃんは、血だらけの男性に大声で言われてもひるむことなく負けじと言い返す。私は、男性とレジのおばちゃんにはさまれて身動きができない。

何を言っているのかは分からないが、たまに男性がレジに手を伸ばし、おばちゃんがレジを必死に守ろうとしている。これはもしかして強盗なのか!? 私があたふたしていると、レジのおばちゃんは、まだお金を払っていないテープを私に押し付け、「早くあなたは逃げなさい」と言う。

はじめよりだんだん危険な状態になってきている感じもしたが、逃げろと言われてもまだ代金を払っていないし……と、私はその場でオロオロするばかりだった。

　すると、おばちゃんは男性と言い争いながら私の体を押して、「早く逃げなさいって！」と、その場から離れさせようとする。でも、男性が私の腕をつかんで離してくれない。今度は私をめぐって、「彼女を放しなさい」、「イヤだ」と、もめ始めた。

　私は恐怖を感じながらも、男性を落ち着かせようと「血が出てるよ！　早く病院に行かないと」と言ったが、男性は血をドクドクと流しながらおばちゃんに激しく抗議し続ける。でも、結局おばちゃんの迫力に負けたのか、あきらめたのか、私を解放し、彼は血を流しながら去って行った。

　私は最初、「おばちゃんのドラ息子がお小遣いをせびりにでも来たのかな？」と思っていたが、おばちゃんもあんな男は知らないと言っていたので、やはり強盗だったようだ。

　私がテープ代を払おうとすると、おばちゃんは、「あっ！　精算まだだったのね。それどころじゃなかったわ」と、実はおばちゃんも気が動転していたようだった。

　外で待っていた桜井君にいきさつを話すと、「そんな血だらけの人、出てきたっけ？」と全く気付いていない様子だった。狭い店の中にはたくさんの客がいたのに、この騒動に気付いていた人は誰もいなかった。

私を置いていかないでー！

早朝、チュニスから次の目的地であるマトマタ行きのバスに乗り込んだ。六時間で到着すると聞いていたのに、七時間走っても一向にマトマタに到着する気配がない。どうやら私たちが乗ったバスは、電車でいえば各駅停車の長距離バスだったようで、まだ半分の道のりしか走っていなかった。

昼頃、大きな街に到着し、数人の乗客が降りて行った。私はしばらく前から腹痛に襲われていたので、貴重品を桜井君に預け、急いでバスを降りてトイレに走った。バス停の近くに駅があったので、駅のトイレに行こうとすると、トイレはホーム内にあると教えられた。

教えてもらった方向へ行くと、ホームへ通じる門には鍵がかけられていた。もう痛みの限界がきていたので、「誰か早く鍵を開けてー！」と叫ぶと駅員が来てくれて、なんとか無事トイレに行くことができた。

用を済ませて水を流すと、便器に続くパイプに穴が開いていて、そこから水がザーっと漏れ、便器まで水がほとんど流れてこない。何度流しても足元が水びたしになるだけだった。

バスはトイレ休憩ではなく、乗客を降ろすためだけに停車していたので、早くバスに戻らないとみんなを待たせてしまうと思い、なんとか流れたことを確認し、急いでトイレを出た。

門のところに戻ると、また鍵がかけられていて、私はホームから出ることができなくなってしまった。駅は電車が来ない時間はホームに人が入らないように鍵をかけているようで、駅構内にも誰も人はいない。

門の鉄柵越しに、「誰か開けてー！」と叫んだが、駅周辺にも誰も人はおらず、今度は誰も来てくれない。すると、バスが動き始めているのが見えるではないか！　でも、桜井君も乗っているし、きっとすぐバスを止めてくれるだろうと思って見ていると、バスはどんどん走って行く。

あせった私が鉄柵をガタガタとゆさぶりながら叫び続けると、「何を騒いでいるんだ?」という感じで、やっと駅員が来てくれて、急いで鍵を開けてもらった。そして、走り去っていくバスに向かって、「おーい、そこのバス待ってー!」と叫びながら必死に走って追い続けた。信号で止まったところでなんとか追いつき、ドアをドンドン叩いて開けてもらって、無事バスに乗り込むことができた。

全力で走って汗だくになった私の怒りの矛先は桜井君に向いた。

「もー、桜井君! ちゃんとバス止めてよ!」

「あー、ごめん、ごめん。忘れてたよ」

彼はとぼけるように言った。離れた席に座っていたので本当に忘れていたのかもしれないが、動き始めたバスに気付かないなんて、そんなことあるわけない! と思い、私はムッとした。でも、桜井君は気にする様子もなく、「乗れたからいいじゃん」と涼しい顔をしていた。

実はこの少し前にレストランで、メニューの注文をめぐって険悪なムードになっていた。もしかすると、彼はその仕返しのつもりだったのかもしれない。

相棒との二人旅だし、何かあっても桜井君がいるから大丈夫と安心しきっていたが、相棒が一緒でも気が抜けないことを思い知った。

ラクダでサハラ砂漠へ

チュニジアの内陸部には広大なサハラ砂漠が広がっている。砂漠の入口となるオアシスはドゥーズという小さな街だ。ドゥーズはサハラ砂漠への入口と言われるだけあって、砂漠が目の前にある。

ドゥーズでは、ラクダに乗って砂漠に行き、そこで一晩泊まる現地ツアーがある。砂漠好きの私は、久しぶりに砂漠で寝ようとそのツアーに参加した。

私たちの他には、ドイツ人カップル、ドイツ人女性、ブラジル人、イタリア人男女四人、日本人のランちゃんで、計十一人。スタッフは五人ほどだった。

ランちゃんは両親が日本人だが、生まれた時からイタリアに住んでいるので、片言の日本語しか話せなかった。

ガイドのラクダを先頭に、その後ろを私たちのラクダがお行儀よく一列になってついて行った。ラクダは走ることもなく、手綱で指示しなくてもノッソノッソと優雅に歩く。

私のラクダは、前を歩くランちゃんのラクダのお尻のにおいを嗅ぐのに夢中で、お尻に顔をつけながら後ろをピタッとついて行く。ランちゃんのラクダはそれが嫌なのか、シッポで何度も私のラクダの顔を払って抵抗する。でも、私のラクダは何度シッポで払われても、あきらめず最後までお尻を嗅ぎながら歩いていた。

私の後ろは桜井君だったが、桜井君のラクダは草を見つけるとすぐ寄り道をし、列を乱してなかなかついて来ない。あまりにも寄り道ばかりするので、「しっかり手綱を持て」と、ガイドに注意されていた。

桜井君は遠く後ろで、「おい、こらっ！　しっかり歩け！」とラクダに怒っていたが、ラクダは言うことなど全く聞かず、ムシャムシャと草を食べてばかりいた。桜井君のラクダは、自分が草を食べているうちに、近くにラクダがいなくなると、あせって急に走り出すので、桜井君はあわてて鞍にしがみついていた。

二〜三時間ほどラクダに揺られ、今日の寝場所である砂漠の真っただ中の場所に着いた。ラクダの背に乗せた荷物を下ろしてあげると、よっぽど体がかゆかったのか、ラクダは体を倒して横になり、顔や体を砂にこすって砂浴びをし始めた。二〇頭近くのラクダがあちこちでひっくり返り、喜んでいるのか、体がかゆいのか、なんともいえない悲痛な鳴き声を上げながら体を砂にこすりつけている様子は少し異様だった。

チュニジアのサハラ砂漠はモロッコの赤い砂の砂漠とは違い、南国の海の砂浜のように真っ白で、サングラスがなければ目を開けていられないほどまぶしい。それほど大きな砂丘もなく、高くても三〜五メートルほどで、延々地平線まで白い大地が果てしなく続いている。私たちの寝場所も三六〇度見渡す限り砂で、ところどころに草が生えていた。

夕方になり、私は砂漠の地平線に夕日が沈む瞬間を眺めていた。ふと横を見るとラクダたちも同じ方向を向いて、夕日が沈む様子を見ている。その姿はとても哀愁が漂っていた。

ラクダたちは、遠くに行かないよう前足二本をヒモで結ばれ、少しの歩幅でしか歩けないようにされていた。ヨチヨチと歩くラクダもいれば、前足で歩くのをあきらめて二本の前足を少し持ち上げ、跳ねるように少しずつ前に進むラクダもいて、各自好きな場所へと散って行った。

砂漠での夕食を終え、ガイドたちが太鼓やタンバリンの演奏と歌を披露したり、ツアー客とガイドたちが一緒に月灯りの下でダンスを踊ったりして、砂漠の夜は更けていった。

寝る頃には、目も開けていられないほど強い砂嵐が吹いてきて、私は少しでも風を避けようと、ブッシュの風下の方で寝ることにした。

夜中にふと目が覚めると砂嵐はやんでいて、目の前にはきれいな星空が広がっていた。砂漠の夜は音が全くなく、時間が止まってしまったかのようだ。そして、砂漠の中で見る星空はとても神秘的だ。満天の星空が地平線まで広がり、月が沈んで星明かりだけなのに辺りは明るい。星空はいくら見ていてもあきのこない美しさだった。

夜中、寝ているると顔のすぐ近くで何か不気味な音がする。モソモソ……、いや、ムチャムチャ、グチャグチャ……今までに聴いたこともない音だ。いったい何の音⁉　と目を開けると、今までに見たことがないような物体が目に飛び込んできた。

それはラクダの口だった。すぐ目の前、今にも食べられそうなほど近くで、ラクダの口がモゾモゾと動いている！

あまりの怖さに体を動かすこともできず、硬直状態になってしまった。ラクダは、すぐ頭上にある風よけにしていたブッシュの草をむさぼっていた。

風よけにしていたブッシュと私

至近距離で下から見たラクダの口は、驚くほど巨大だった。

翌朝、ガイドがパンを作ってくれた。持って来たボウルに小麦粉と少しの水を入れて混ぜ、パンの生地を作る。そして、それを一個一個のパンの大きさに分け、広げた布の上で丸く平らに仕上げる。パン生地を作っている間、その横で別のガイドがブッシュの枝を集めてたき火を起こし、チャイを作ってくれた。

パン生地ができ上がると、たき火のところで焼けて炭になった枝と黒くなった砂を丁寧によけ、熱くなった地面の上にパン生地を置く。そして、パン生地の上に黒くなった砂をかけ、その上を熱い炭でおおった。

数分待ち、砂と炭をかき分けてパンを取り出すと、案の定パンは砂と灰で真っ黒だった。そのまま食べさせられるのかと思っていると、ガイドが熱そうにパンの表面を手で叩く。すると、みるみるうちに灰が取れ、白い焼きたてのパンに変身した。パンは砂や灰でジャリジャリすることもなく、日本の焼きたてのパンよりもフカフカでずっとおいしかった。

そして、私たちはまたラクダに揺られ、白い砂と青い空だけの世界から街へと戻って行った。

チュニジアという国

チュニジアは日本ではあまり知られておらず、観光の国というイメージは少ない。私もそういう先入観があったので、旅をしにくいかと思って桜井君と二人で旅をしたが、実際に行ってみると全く違っていた。

チュニジアはそれまでに行ったどの国よりも治安が良く、人々は親切で、とても快適に旅することができた。桜井君と、「何も二人で来る必要はなかったね」と言い合うほどだった。そんな良い国なのに、なぜ日本ではあまり知名度が高くないのだろう。

チュニジアは、飛行機でローマからたった一時間十五分で行くことができ、頻繁に飛行機の便もあるので、それほど不便な場所にあるわけではない。

北には地中海の島々のようなのどかな街並みとカルタゴ遺跡があり、歴史好きの人なら、当時の人々の暮らしを垣間見ることができる遺跡がたくさん残っていて、十分楽しめるだろう。

チュニス市内は南ヨーロッパのような街並みだが、旧市街のメディナへ行けばイスラムの雰囲気を感じることもできる。

南部にはサハラ砂漠があり、今でもオアシスには先住民族のベルベル人たちが住んでいる。そこには、映画『スターウォーズ』の主人公ルークの実家が実在し、安宿として利用されていて、泊まることもできる。『スターウォーズ・エピソードI』で、ダースベイダーの幼少時代の家としてスクリーンに出てきた建物も実在している。

これらは、スターウォーズファンならぜひとも行ってみたい場所だろう。チュニジアの砂漠で『スターウォーズ』の撮影が行われ、ロケに使われた建物が今でもあることはあまり知られていない。

広大なサハラ砂漠の中でラクダに乗れば、砂漠を満喫することもできる。

チュニジアは小さい国なのに見所が多く、人々は親切で、食べ物はオリーブオイルの原産国だけあって、地中海料理も最高においしい。こんな素晴らしい国が日本ではあまり知られていないのは残念なことだ。

私はよく人に、「今まで行った国の中で一番良かったのはどこ？」と聞かれる。そのたびに私はいつも「チュニジア！」と答えている。

エジプト

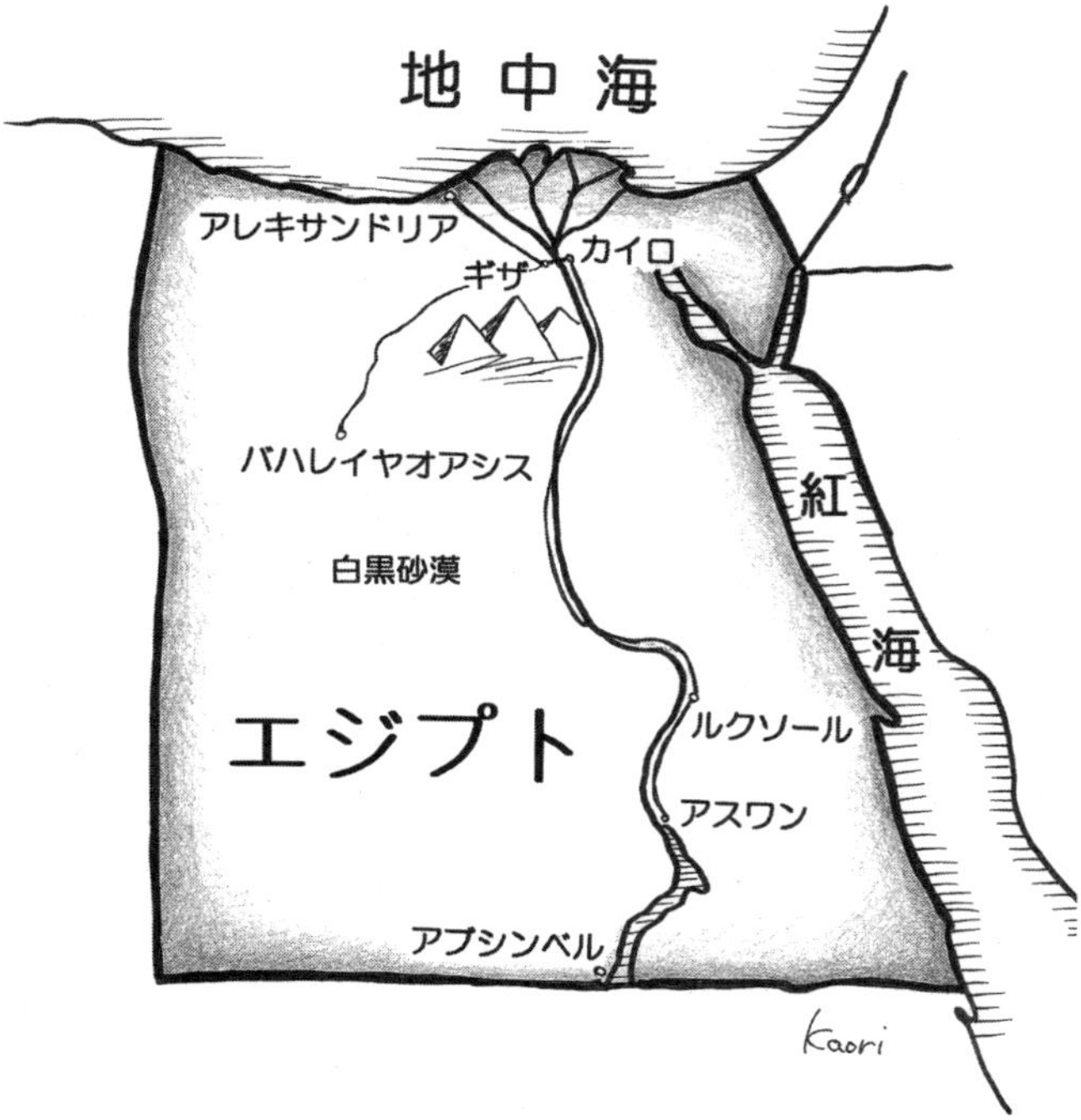

地中海
アレキサンドリア
カイロ
ギザ
バハレイヤオアシス
白黒砂漠
紅海
エジプト
ルクソール
アスワン
アブシンベル
Kaori

エジプトは、昔から行きたいと思っていた国の一つだった。一度行くチャンスはあったが、モロッコのところで書いたようにハプニングで急遽モロッコへ行き先が変更になり、その後もエジプトに行く機会はなかった。でも、私はいつかエジプトに行きたいと思い続けていた。

エジプトはイスラムの国であるということだけではなく、紀元前の遺跡が今もたくさん残っていて見所が豊富なので、短い休暇で行くにはもったいない国だと思っていた。エジプトには五〇〇〇年ともいわれる長い歴史があり、私は以前からエジプトの歴史を自分なりに勉強していた。

そして、二〇〇三年の秋に十七日間の休みがとれ、ついにエジプトに行くことになった。

カイロ博物館に入るのは大変

カイロ国際空港に降り立つと、そこは世界でも有数の観光国の窓口となる空港とは思えないほどお粗末で、ほんとうにエジプトの首都の空港か？　と思ってしまった。

カイロはエジプトだけではなく、イスラム諸国の中でも文化や経済の中心になっている大都市である。街はナイル川を中心に造られていて、建物は砂漠から飛んでくる砂で全て土色になってしまっている。街中はたくさんの車やバス、人々が行き交い、街全体にとても活気がある。

街中の通りには信号や横断歩道が全体的に少なく、車優先である。道を渡る時は、ビュンビュンと走ってくる車の間を見はからって、一気に横断しなければならない。慣れるまでは、タイミングがつかめずオロオロしてしまい、車にひかれてしまいそうだった。そんな私を横目に、エジプト人たちはスイスイと難なく横断していた。


カイロには、歴代のファラオ（王）のミイラの他、数々の国宝級、いや世界遺産級の展示物を多く所蔵するカイロ博物館がある。毎日、世界各国から観光客が押し寄せ、エジプトを訪れる人のほとんどが訪れるといってもいい場所だ。

パックツアーの人たちは、博物館に大型バスで大通りから直接乗り入れるが、私のような個人旅行者は、簡単に入口ゲートまでたどり着くことができない。それは、博物館前の道が何車線あるか分からないほど広いのに、信号も横断歩道もなく、たくさんの車が猛スピードで行き来する中を必死で横断しなければならないからである。

そして、無事渡りきったからといって、すぐにカイロ博物館に入ることができるわけではない。入口ゲートに到着すると、軍の警備員に鋭い眼差しで全身をチェックされる。

カイロ博物館では、一九九七年に爆弾を積んだトラックが入口ゲートに突入して爆発し、多くの観光客が死傷するというテロ事件が起こっている。

私が行った時は、機関銃や重そうな鉄の盾を持った重装備の軍の警備員数人が、入口ゲートで警備していた。チェックが終わって入口ゲート内に進むと、今度こそ本当の博物館の入口がある。そこはパックツアー客であふれ返っていて、添乗員がチケットを買ってくるのを待っていた。

私は最初、その人たちがチケットを買うために並んでいるものと勘違いし、その後ろにひたすら並んでいた。でも、列がなかなか動かないので、間もなく事情を把握し、その人たちをすり抜けて前に進み、やっとチケットを購入することができた。これでようやく中に入ることができるとホッとしたが、まだ安心するのは早かった。

その先には鉄の門があり、数人ずつ通されて横の小屋へと導かれる。そこでは、手荷物検査、ボディチェック、X線検査、パスポートチェックがある。やれやれ……と思って、いざ博物館の建物に入ろうとすると、また手荷物検査とX線検査があり、それも通過して、ようやく中へと入ることができた。

博物館の中は冷房がなく、窓を開けているだけだった。カイロは日中三五度を軽く超え、湿度も高いのか、内部は蒸し暑い。貴重な展示品がたくさんあるにもかかわらず、室温が管理されていたのは歴代の王が眠るミイラ室と、ツタンカーメンの黄金のマスクと棺などが置かれている部屋だけだった。

博物館では、大勢の観光客の活気と世界遺産級の膨大な展示物に圧倒されたが、貴重な展示物があまりにも無造作に大胆に置かれていることにも驚いた。カイロ博物館は中に入るだけでも大変だが、見どころも多いので、じっくり全ての展示物を見ようと思えば、とても一日では無理だろう。

シャフィーンのいとこ

カイロでふと立ち寄ったパピルス屋の店員と世間話をしていると、「明日はどこに行くんだ?」と聞かれた。

「砂漠へ行く」

「僕の実家は砂漠なんだ。明日ちょうど砂漠ツアーが出るんだ。他のツアーより断然僕のツアーの方がいいから、参加しないか」

と、店員に砂漠ツアーの写真をたくさん見せられ、うまく話に乗せられて、その店でツアーを予約させられた。

ホテルへ戻り、従業員に、

「パピルス屋の砂漠ツアーに明日から行ってくる」

と言い、料金を言うと、

「パピルス屋のツアーだって!? 料金も普通のツアーより倍近いじゃないか。怪しいからキャンセルした方がいい」

と、真剣な表情で言われた。私はあわててパピルス屋に戻り、キャンセルをお願いした。

「もうキャンセルはできない」

「今お金を払ったばかりだし、三〇分も経ってないんだからいいじゃない。お願いだからお金返して」

「ダメだ！」

押し問答になり、怒った私は、

「じゃ、警察へ行って話をしよう」

と、強気で言った。すると店員はさらに激怒し、怒鳴り合いになった。店員は英語で怒鳴るので、詳しい内容は私には理解できない。でも、ここで怖気づいたら一四〇ドル（約一万六〇〇〇円）もの大金が戻ってこないし、私も引き下がりたくなくて、負けじと片言の英語で反論した。

すると、店員は言葉が通じていないと思ったのか、どこかに電話をし、店に私を残して出て行ってしまった。私は店員が戻ってくるまで待つほかなく、ずっと誰もいないパピルス屋の中にいた。すると、店員が一人の男性が連れて戻って来た。

「あのー……、僕は通訳をしてほしいと頼まれて来ました」

彼は流暢な日本語を話し、名前をアリといった。店員は、私の英語力では話にならないと思ったようで、知り合いに頼んで、日本語を話せるアリを呼んできてもらったらしい。

私は今までの出来事をアリに必死に訴えた。アリも私の話を聞いてツアー料金が高いと感じたらしく、店員にしっかり通訳してくれた。すると、今度は店員がアリに必死に訴える。その言い分を聞いた私がまた激怒し、アリは二人の真ん中にはさまれて困り果てていた。

もめ続けていると、突然アリが「砂漠かー……。僕も行きたいなー」とつぶやいた。アリもどうやら砂漠の出身らしい。

アリが店員に、「僕も砂漠出身者です」と言うと、二人は私を放ったらかしにして、笑顔で砂漠の素晴らしさを語り合い始めた。なんだか私のツアーの話から脱線しているようなので、アリに聞いた。

「何を話してるの？」

「僕の実家はヨルダンの砂漠なんだ。砂漠の話をしていると懐かしくなって」

「えっ⁉　アリはヨルダン人？　私ヨルダンに行ったことがあるよ。砂漠ってワディーラム？」

「君、ワディーラムに行ったことがあるの？」

「あるよ！　ワディーラムではたくさん友達ができて、結婚式にも行ったよ」

「友達って誰？」

「シャフィーン」

私の言葉に彼はとても驚いた。

「シャ、シャフィーン⁉　シャフィーンは僕のいとこだよ！　君、シャフィーンを知ってるの？」

「知ってるどころか、私がアカバに行った時も三日間、毎日会いに来てくれて、一緒に刑務所にアブドラの面会にも行ったよ。でも……、あなたのいとこのシャフィーンは、私の知っているシャフィーンと同一人物かな？　同じ名前の人がたくさんいるから、別人かも」

「ワディーラムにシャフィーンは一人しかいないんだ。だから絶対同一人物だよ！」

そう言われてみれば、アリの顔はどことなくシャフィーンと似ているような気もする。まさか、エジプトに来てシャフィーンのいとこに偶然会うなんて思いもしなかった。

私のツアーの件は、キャンセルはできなかったものの、アリのいとこと私が知り合いだということで、一一〇ドルに特別にまけてあげると言われ、渋々だがツアーに参加することにした。

砂漠ツアー

エジプトといえば、紀元前の遺跡の宝庫で、エジプトへのパックツアーはピラミッドに代表される遺跡めぐりがメインだ。でも、内陸部にあるオアシスや砂漠へ行くパックツアーは今でもほとんどなく、近年までバックパッカーでさえあまり行くことがなかった。

内陸部にはベドウィンが住むオアシスが点在していて、ある場所には「白砂漠」、「黒砂漠」という砂漠もある。

白砂漠では、辺り一面が石灰岩でおおわれ、まぶしいほどの真っ白い世界が広がっている。白いだけではなく、風によって石灰岩が削られ、巨大なきのこ雲のような奇妙な岩石が立ち並ぶ不思議な景観を作り出している（裏表紙の写真）。黒砂漠は、黒い石が一面をおおっているため、辺り一面が黒く見える。

最近まで、この二つの砂漠の存在は、その周辺のオアシスに住む限られた人々しか知らなかった。そこへ行くには、個人でオアシスまで行って現地ツアーに入るか、ジープをチャーターするか、カイロの安宿が主催する現地ツアーに参加する方法がある。

エジプトの砂漠もサハラ砂漠の一部だが、モロッコの真っ赤な砂丘やチュニジアの真っ白い砂の砂漠とは違い、場所によって全く違う景観が広がっている。一本も草が生えていない荒地や西部劇に出てくるような岩場、一面石灰岩の白砂漠、黒い石がゴロゴロとしている黒砂漠と、いろいろな顔を持っている。

砂漠ツアーは、トラブルになったパピルス屋の店員アハメッドが三日間ガイドをするという。翌朝彼がホテルに迎えに来てくれたものの、なんだか最初から気まずい雰囲気だった。

私以外のツアー客は、アハメッドの奥さんのフランス人のエミリーとその友達のエステル、ベルギー人男性のビエナの三人。結局、本当のツアー客はビエナと私だけだ。

エミリーはままだ若く二〇歳だ。一

奇妙な光景が広がる白砂漠

年前にカイロに留学に来て、アハメッドと知り合って結婚し、今も学生だという。

どうもこれはツアーではなく、エミリーのフランス在住の友達がエジプトに遊びに来たので、砂漠に連れて行くことと、アハメッドの親戚や知人の家に立ち寄って、エミリーを紹介することが目的で、ツアーはそのおまけのような雰囲気だ。ツアー料金が高いのは、エミリーとエステルの分まで私とビエナが払っているからでは？　とも疑った。しかも、アハメッドと運転手、エミリー、エステルは夕方になるといつもハシシをし、なかなか食事の準備をしてくれなかった。

車は砂漠というよりも荒地の中を走り、木の全く生えていない小高い丘のふもとで停まった。そして、車から降りてみんなで丘を登って行った。私はなぜ丘を登るのか意味が分からなかったが、きっと丘の上から景色を見るのだろうと思い、石がゴロゴロと転がっている丘をよじ登った。

すると、丘の頂上付近に小さな洞穴があり、その中をみんながのぞき込んでいる。私も後ろからのぞいたが、中には乾燥している木のようなものが数個転がっているだけだった。でも、よく見るとそれは木ではなく、人間のミイラだった。

頭皮ははがれ、頭がい骨がむき出しになっていて、体や足、腕には所々白い骨が出ている。よく見るとミイラは一体ではなく、父親と母親と子供の合計三体ある。父親は頭部も体も大きく、母親は小柄だった。子供は六～八歳ぐらいだろうか。

アハメッドは、「このミイラは二五〇〇年前のもので、そんなに古くない」と言う。二五〇〇年前のミイラが古くないなんて、エジプト人の「古い」とはいったい何年前を指すのだろう？　二五〇〇年もの長い間、このミイラが残っていたこともすごいが、そ

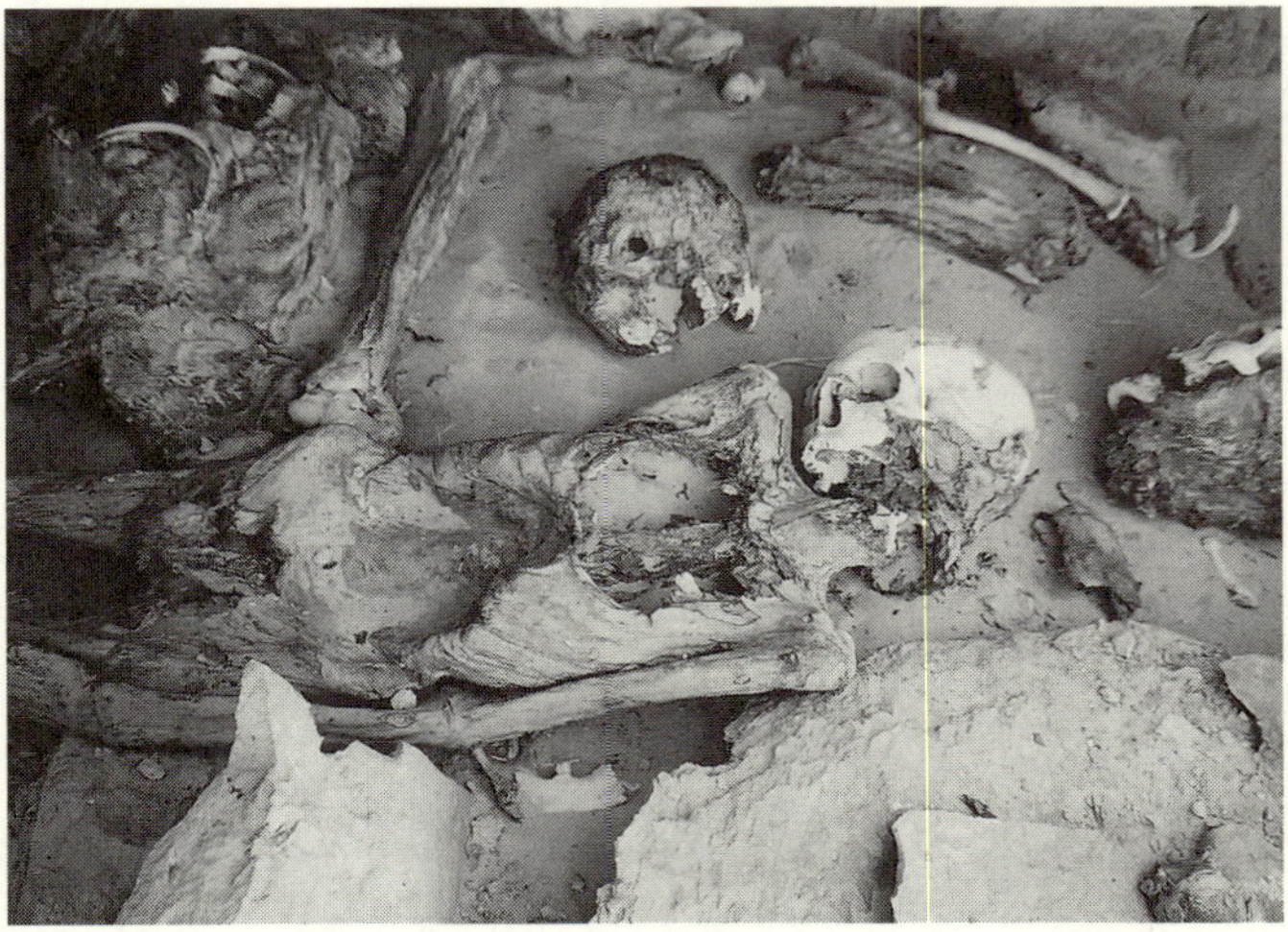

放置された2500年前のミイラ

んな二五〇〇年前のミイラがこんなに無造作に放置されていることにも驚いた。

エジプトは歴史が古いので、一般人のミイラなんてどうということはないのかもしれないが、もし、これが日本ならきっと大騒ぎになり、博物館に保管されることだろう。国が違えば歴史に対する意識の違いもあるのかもしれないが、エジプト人の歴史感覚には驚いた。

運命

ツアー一日目は、アハメッドの実家をホテルに改装したような宿に泊まった。

その日の夕食後、近くでベドウィン音楽の演奏をしているから行こうと誘われ、みんなで一緒に行くことになった。

案内されたテントの中に入ると、エレキギターとシンセサイザー、ドラム、ボーカルというメンバーのバンドが演奏していた。それはベドウィン音楽というよりイスラムのポップソングのようだった。そのバンドマンたちは近くで行われる結婚式の演奏に呼ばれているらしく、一人、二人と徐々に結婚式へと行ってしまった。

演奏も寂しくなり、さっきまでたくさんいた客も一気に帰ってしまったので、私たちも帰ろうかとソワソワしていると、まだ残っていた客の中に日本人らしき老人が一人いた。こんな砂漠のオアシスに日本からのパックツアーが来るはずはないので、日本人の老人が一人でいるのは不思議だった。

よく見ると、その老人は古代エジプトのファラオが持っていたネケケ（ネケク）と呼ばれるハエよけのようなものを持っている。あごには白いヒゲを蓄え、一見仙人のようにも見えた。

隣にいたベルギー人のビエナに聞いてみた。

「あの人、日本人だと思う？」

「僕もさっきから気になっていたんだ。でも、あれはたぶん日本人じゃないよ。だって、日本人の老人が一人でこんなところまで来ないだろ」

確かにそのとおりだ。となると、中国人だろうか？　私はその老人の風貌からして何かオーラのようなものを感じ、退屈なベドウィン音楽よりその老人の方が気になり、声をかけてみた。

「こんばんは。日本の方ですか？」

「そうですよ」

「お一人ですか？　お連れさんは？」

話を聞くと、その老人はエジプトに住んでいて、今日はエジプト人の友達の娘の結婚式に招待され、車に乗せてもらってこのオアシスに来たらしい。そして、意味ありげな笑いを浮かべながら、驚くことを言った。

「僕は、君が話しかけてくることを分かっていたよ」

「えっ⁉　なんで？」

「これは僕と君の運命なんだ」

その意味深な言葉は、言い方が不気味だったこともあり、自分の行動を見透かされているようで、私は背筋がゾクっとした。

運命なんて私はあまり信じていない。それなら、老人が言うこの運命を自分で変えてみるのもおもしろいと思い、老人と話すのをやめようかとも思ったが、その老人がとても気になり、考え直した。

「エジプトに住んでどれくらい経つんですか?」

「僕は五二歳の時にガンを宣告されてね。その時、余命半年か、もっても一年って言われたんだよ」

私の質問を無視するように、老人は物語を話すかのような物静かな口調でゆっくりと語り始めた。

「その頃、いくつか会社を持っていたんだが、すぐに全部たたんでね。どうせ死ぬんなら最後に興味のある古代文明の遺跡を見てから死のうと、中国、インド、メキシコ、ペルーと旅をして、最後にここエジプトに来たんだよ。確かに中国などの古代文明は素晴らしかったけど、エジプトには全く違うものを感じたんだ。それ以来、エジプトの歴史に興味を持ってね。死ぬまでにと何度もエジプトに足を運んだんだ。すると、数回目のエジプトで体に異変を感じたんだ。帰国して病院に行くと、なんとガンがすっかり消えていたんだよ。余命半年と言われた人間が完治したんだ。それから僕はエジプト移住を決めたんだ」

「そんなことってあるの？　ガンは本当に治ったんですか？」

「エジプトに来てからどんどん元気になってね。病院の先生も驚いていたよ。もうすっかり完治して、今では元気だよ」

私はその老人に何かひき付けられるところがあり、いつの間にか話に引き込まれていた。最初は老人だと思っていたが、よく見るとまだ六〇歳過ぎで、立てば背が高く、ダンディな男性だった。

その男性はエジプトに移住して五年になるという。カイロの中心部にアパートを借りて住み、日本で蓄えた資金を元手に、今ではエジプトで大規模な農場を経営しているそうだ。

普段はカイロの図書館に行ったり、エジプトの歴史の勉強をしたりしていて、独学でいろいろな遺跡の歴史を調べているという。

「疑問に思うことがあると、すぐカイロ博物館に行ったり、電車やバスに乗って、直接遺跡を見に行ったりするんだ。本物をじっくり観察すると、謎がどんどん解けていくんだよ。ところで、君はピラミッドをもう見たかい？」

「いえ、まだです」

「ピラミッド建設の時期は、一般的に五〇〇〇年前のクフ王の時代と言われているが、あれは違う」

「えっ⁉　どうしてですか？」

「君もピラミッドを見る時は、よく勉強してから見てみなさい。きっと僕が言っている意味が分かるから」

「もしかして、一万二〇〇〇年前ですか？　『神々の指紋』で昔読みましたけど」

『神々の指紋』は、一九九五年にベストセラーになった本で、著者は考古学者ではなく天文学者のグラハム・ハンコックである。彼はその本の中で、ピラミッドは墓ではなく、星の位置と一致した建造物だという説を唱えていた。

「そのとおり。スフィンクスも造られた年代は一万二〇〇〇年前だ」

「それって、グラハム・ハンコックも言っていましたね！」

「そう、僕も彼の見方は半分正しいと思っている。古代エジプトでは、天と地、昼と夜、なんでも『対』なんだ。だから、ピラミッド内には、今発見されている王の玄室と同じような部屋がもう一つあるはずなんだ」

「そういえば、早稲田大学の吉村作治さんが以前、レーダーでピラミッド内部の今まで発見されていない場所に空間があるのを見つけていましたね」

「あの空間は今の玄室の向こう側にあり、全く同じもののはずなんだ。それに、スフィンクスも今は一体しかないが、昔造られた時にはもう一体あり、二体だったはずなんだ」

「えっ、二体あったんですか⁉」

「そう。スフィンクスをじっくり観察すると、いろいろなものが見えてくるよ」

私も、ピラミッドよりスフィンクスの方に興味があったので、実際に見に行った時は、半日スフィンクスをいろいろな角度から何度も見た。すると、いろいろな謎が解けていくような感じがして、その男性が言っていた意味が少し理解できたような気がした。

「ピラミッドは王の墓と言われているが、あれは全く違う」

「『神々の指紋』では、ピラミッドがオリオン座の並びと同じで、王の玄室の空気口からは一年のある時期に、オリオン座が見えるとかっていう仮説じゃなかったでしたっけ？」

「いや、僕はあの空気口は霊の出入口だと思うんだ」

「れっ、霊⁉」

「ナポレオンがエジプトに遠征して来た時、一晩ピラミッドの王の玄室で過ごしたことが分かっているんだ。翌朝、ナポレオンは真っ青な顔で放心状態になって出てきたらしいんだ」

「何があったんですか？」

「その本を読んでから、僕もバクシーシー（チップ）を払って、ナポレオンと同じように一晩ピラミッドの王の玄室にある棺の中で寝たことがあるんだ」

「そ、それで、どうだったんですか⁉」

「僕は霊や霊感など全く信じていなかったけど、その時生まれてはじめて幽体離脱を体験したんだ。あの王の玄室の上から、自分の寝ている姿を見ていたんだ」

　私も霊など信じない。でも、その男性がウソをついているようには思えなかった。

私はその話に背筋がゾクっとし、少し怖くなってきたので話を変えた。

「奥さんもエジプトで一緒に住んでいるんですか？」

「いや、僕は二回結婚したんだが、二人とも交通事故で亡くしてね……。人の運命は偶然ではないんだよ。それは決められていたことなんだ。君が僕に話しかけてきたのも、決められていたことなんだ」

その男性は、他にもおもしろい話を聞かせてくれた。

「モーゼは確かにエジプトにいた。でも奴隷の人々を救ったのではなく、モーゼはエジプトから何かを盗んだんだ」

「何か……って？」

「それは、ローマ法王しか知らないと言われている。その物は、たぶんローマのサンピエトロ寺院の地下にある」

「サンピエトロ寺院に地下なんてあるんですか？」

「ああ。地下には、古い書物やキリスト教徒の貴重な品々がたくさん保管されていると言われているんだ。エジプトは四大文明の一つなどと言われているが、それは違う。

エジプトは、世界最古の文明都市で、他の文明がエジプト文明の真似をしたんだ。ローマ法王の帽子はエジプトの古代の神、アメン神の帽子と全く同じなんだ。ところで、君はもうシナイ山に行ったかい？」

「まだです」

「五〇〇〇円札の裏に富士山があるだろう。湖に映った富士山を逆さに見ると、富士山ではなくシナイ山が映っているんだよ」

「えっ⁉　本当ですか？」

気がつくとベドウィンの演奏はもう終わっていた。男性の話は、本当かどうか疑わしいものだったが、私は話に引き付けられてしまっていた。

その後、ベドウィンの結婚式に行くことになった。

村の男性たちがオアシスの中心の広い道に集まり、ベドウィンのバンドマンが演奏し、その音楽のリズムに合わせて中央で数人の男性が代わる代わる腰をくねらせ、男性版ベリーダンスを踊っていた。私がダンスに夢中になって見ていると、今まで横にいたはずの謎の日本人男性がいつの間にか消えていた。彼は幻だったのだろうか……、私はキツネにつままれたようだった。

私は、男性が言っていたことが本当なのか確認したくて、ホテルへ戻ってから、持っていた五〇〇〇円札の裏を見てみた。普通に見ると富士山があり、湖にはちゃんと富士山が映っている。言われたように札を逆さまにすると、湖の富士山がシナイ山に変わった……、ような……？

でも、そこには確かに富士山とは形が違う岩山が見え、不思議な気がした。私はシナイ山に行ったことはないが、写真では何度か見たことがあり、それがシナイ山なのかどうかは何ともいえない感じである。でも、私はそれを見て、やはりあの男性は幻ではなかったと思った。

ホテルでシャワーを浴びようと蛇口をひねると、赤い水が出てきた。きっと水道のパイプのサビのせいなのだろうが、洗面台の蛇口からも赤い水が出てきて、白い洗面台が赤色に染まった。いつまでもたっても赤い水しか出ず、私はさっきの男性のことを思い出し、一人怯えてしまった。その晩は男性の話が頭から離れず、なかなか眠ることができなかった。

翌日、ビエナやエステルに水道の蛇口から赤い水が出たかと聞くと、普通の水が出たと言われた。昨晩の出来事は一体何だったのだろうと、不思議でたまらなかった。

砂漠で見る星空

ツアー二日目の夕方からは、石灰岩の白砂漠で一夜を過ごした。

白砂漠は見渡す限り一面真っ白で、至る所にきのこ雲のような形の石灰岩があり、ここは地球上なのかと思うほど不思議な場所だ。

日没の時間になり、私たちは思い思いの場所で夕日が沈むのを眺めた。さっきまで目を開けることができないほど白かった石灰岩は、夕方になるにつれて夕日に照らされ、辺り一面がオレンジ色に染まる。

夕日がオレンジ色の地平線にゆっくり沈み始めると、辺りはオレンジ色から徐々に紫色になり、太陽が地平線に入ってしまうと、石灰岩は水色になり、この世のものとは思えないほど美しい世界が広がった。そして完全に暗くなり、石灰岩がブルーになると同時に空には星が輝き始め、またたく間に昼から夜に変わる。私はあちこちの砂漠で夕日を見たが、これほど美しい夕日ははじめてだった。

昼間は真っ白い世界なのに、夜になると辺りは真っ暗闇になった。その日は月が出ておらず、星明りの中に石灰岩でできたブルーのきのこ雲がうっすらと浮かび上がっている。夜になっても、ここは不思議で幻想的な世界だった。真っ暗な中、私は仰向けに寝転がり、ずっと満天の星空を眺めていた。

運転手とアハメッドが持って来た薪で焚き火をし、食事を作ってくれた。私も手伝っていると、横に置いていた生ゴミ入れのビニール袋が風もないのにガサガサと音を立てた。そのビニール袋をライトで照らすと、小さな物が一瞬見えたと思ったら、あっという間にどこかへ消えた。いったい今のは何だったんだろう?

しばらくすると、また音がした。今度は急いでライトを照らすと、それは真っ白な可愛い野ネズミだった。クリクリした黒い目をした野ネズミは、急にライトを当てられ、びっくりしてあわてて逃げて行った。こんな何もない真っ白な石灰岩の砂漠に、野ネズミが生息しているなんて思いもしなかった。

帰国してその話を動物に詳しい友人に話すと、「それはネズミじゃなく、ハムスターだ」と言われた。ハムスターは本来、乾燥した厳しい環境の中で生活しているそうだ。彼らは夜行性なので日中はほとんど巣穴で過ごし、夜になると行動するらしい。野生のハムスターは厳しい環境の中でたくましく生きていた。

夕食後、満天の星空の下で毛布にくるまって夜空を眺めていると、手を伸ばせば届きそうなほど近くに星が見える。立って星空を眺めていると星が降ってきそうな感じがするが、大地に大の字になって寝転んで眺めると、自分が星の中に吸い込まれそうだ。

砂漠で見る星空は、日本の田舎で見る星空よりも星の数が圧倒的に多く、天の川が大河となって大空を流れているように見える。そんな天の川を眺めていると、古代エジプト人が「ナイル川が大地の天の川」と考えていてもおかしくないような気がした。

そして、謎の男性が言った、「古代エジプトの考えはなんでも『対』だ」という言葉を思い出した。古代エジプトでは、夜空と大地を対にするので、ピラミッドの位置を天の川（ナイル川）の外にある輝きの大きい星の位置と同じにしたのかもしれない、こんな美しい星空を毎晩見ていた古代の人々なら、今以上に天文学が発達していたのかもしれない、といろいろな想像をめぐらせた。

星の光は地球に届くまで何万年もかかるので、今私が見ている星の輝きは何万年も前の輝きで、もしかすると今見えている星は、本当はもう存在しないのかもしれない。そう思うと不思議な感覚になり、今の時間と何万年前の昔の光が重なり、あるはずのない四次元空間に自分がいるような気がした。こうして無限の宇宙を見ていると、宇宙からすれば人間なんてチリのようなものと、思えてくる。

日中、砂漠で空を見上げても何も見えないし、まぶしすぎるので地面ばかり見てしまう。でも、夜になると地面は真っ暗になり、夜空がキラキラと輝く星で埋め尽くされ、地面より空を見てしまう。夜空一面の星を眺めていると、今まで悩んでいたいろんなことがちっぽけなことのように感じ、私は大地と夜空に勇気づけられるような気がした。砂漠はいつも私を勇気づけてくれ、私の心を癒してくれる。

目を閉じるのがもったいないほど夜の空はいつまでも美しく輝いていて、このまま朝まで星を見ていたいという思いとは裏腹に、私のまぶたはだんだん重なり合ってしまった。

ふと目が覚めると、もう焚き火も消えていて、みんな思い思いの場所で毛布にくるまって眠っていた。さっきは出ていなかった月が今は出ていて、まばゆいほどの光を放っている。月明かりで辺りは青白い世界が広がっていた。

音のない世界で星を眺めていると、「トコ、トコ、トコッ」とかすかに音が聞こえた。じっと目を凝らすと、足元の石灰岩の岩山の上に、月明かりに照らされた犬のような小動物のシルエットが見える。よく見ると、その動物はキツネだった。

そのキツネは私の足元でピタッと立ち止まり、お互い目が合った。キツネは全身真っ白で、顔が小さく、鼻は少しとがっていて、しっぽが地面に付きそうなほど大きく、フサフサしている。キツネは星明かりで青白くも見え、私はその幻想的な美しさに目がクギ付けになった。

目が合っていたのはほんの数秒だったのかもしれないが、私には時間が止まっていたかのように長く感じられた。そして、キツネはゆっくりと砂漠に消えていった。

ひげじろう

カイロからアスワンハイダムのあるエジプト最南端の街、アスワンへと行く夜行列車に乗ると、通路をはさんだ席に日本人男性が座っていた。彼はバックパッカーで、日焼けをしていて、見るからに長期旅行者の風貌だった。

彼は「ひげじろう」と名乗った。でも、彼のひげはどちらかというと、普通の人より薄いぐらいだった。彼は、日本を出てから十一ヵ月経っていて、インドのデリーからロンドンに向けて旅をしているという。

「現代版の沢木耕太郎の『深夜特急』みたいね」

「沢木耕太郎は知ってるけど、深夜特急って何？」

「作家の沢木耕太郎が、友達と賭けをして、一人でインドのデリーからロンドンまで、バスを乗り継いで行く話よ。バックパッカーの醍醐味が実感できて、なかなかおもしろいよ」

「へー、あの人もそんな旅してたの？　知らなかった」

「でも、ここはエジプトだし、この列車はエジプトの最南端に行くから、ロンドン行きのルートから外れてるよ」

「トルコ、ブルガリアと入ったら、急にロンドンが近く感じて、もう旅を終えるのかと思うと寂しくなったんだ。それで、どうせならアフリカも見てみようと思ったんだ」

　彼はカイロに三週間滞在し、エジプトの南に位置するスーダンに行く途中だった。

そういえば私は、彼が列車に乗る前、日本人女性に見送ってもらっていたのをたまたま見かけていた。

「さっきの人は彼女？」

「ちがうよ。同じ宿にいた女性で、時刻表を調べに一緒に駅まで来ていただけさ」

「てっきり別れを惜しむカップルかと思ったよ」

「僕の彼女はイラン人女性だよ」

「イラン人⁉　なんでイラン人なの？」

私は、思わず失礼なことを聞いてしまった。彼は、見るからに日本でもきっとモテるだろうなぁと思えるような好青年だった。そんな彼がなぜ日本人の女性ではなく、イラン人女性と付き合っているのだろう？　彼の好きなタイプは日本人女性にはいなかったのだろうか？　それにイランでは、婚約や結婚をしていない男女が一緒に歩くことさえ厳しく禁止されているのに、なぜ付き合うことができたのだろう？

その彼女とはイランを旅した時に知り合い、彼女が彼に一目惚れして告白されたという。彼女の美しさと素直さに彼もひかれたそうだ。彼は、もともとその街にあまり長く滞在するつもりはなかったが、そんなことがあって予定を変更して彼女と毎日のようにデートを重ねたという。その後、その街を後にしてからもメールで愛をはぐくんでいたそうだ。

彼は大きなリュックの他にギターを持っていたので、聞いてみた。

「ギター弾けるの？」

「少しね。ほら、音楽って国境がないって言うだろ。言葉が通じなくてもこのギターさえあれば、どんな国の人たちとも通じ合えるんだ。重くて荷物はかさばるけど、日本からギターを持って来て良かったよ」

と笑顔で言った。

確かに音楽は世界共通で、私も外国に行くと日本の曲を歌ってとよく言われる。モロッコの砂漠のホテルで、夜に従業員たちが民俗音楽を演奏してくれた時、各国の宿泊者たちもそれぞれ自分の国の曲を歌うことになった。日本人は私しかいなかったので、案の定、私は日本代表で歌わされることになった。

「さあ、次はカローラの番だよ」と言われ、みんなの声援と拍手の中、前に立たされた。私は音痴ではないが、普段カラオケなどにはほとんど行かない。私は知っている歌を思い出しながら、こういう時には日本らしく演歌でも歌った方が良いだろうと思い、『津軽海峡冬景色』をこぶしを入れながら歌い切った。

熱唱し終わると、みんなはじめて聴く演歌やこぶしにキョトンとし、あまり受けが良くなかった。でも、彼のようにギターを弾きながら歌うことができれば、たくさんの国の人々を笑顔にさせることができるだろう。

彼は、自分の旅のスタイルは遺跡や名所を巡る旅ではなく、その国の人々と触れ合う旅だと目を輝かせながら話し、私にはそんな彼がまぶしく感じられた。

彼はその後、スーダンからアフリカを西へ横断し、アフリカの最西端まで旅したが、途中のナイジェリアでマラリアにかかり、四〇度の高熱が一週間も続いたという。マラリアにかかったところには村もなく、汚い掘っ立て小屋で生死をさ迷ったらしい。

無事一年半の旅を終えた彼と、日本で再会することができた。旅を終えた彼の笑顔は相変わらず素敵だった。

彼は、日本に帰る途中でイランに立ち寄り、イラン人の彼女と再会することを楽しみにしていたので、「彼女と再会できた？」と聞くと、「それが……」と言葉をつまらせた。

彼が旅を終える頃、彼女からの連絡がピタリとなくなったそうだ。心配した彼が彼女の家に電話すると、彼女の口から驚くことを聞かされたという。

「私……、結婚することになったの」

彼は、二股されていたのか？　と一瞬疑ったが、彼女の悲しげな口調からすぐにそうではないと分かったそうだ。彼女は、父親の気に入った相手と結婚させられることになってしまったのだ。イランでは今でも父親が娘の結婚相手を決めることが少なくない。彼女は本当に好きな人と一緒になることは許されなかったのだ。

彼は今、旅で見つけた次の目標に向かって、アフガニスタンで仕事をしている。

がんばる日本人

カイロ滞在中、時間が合えば、シャフィーンのいとこのアリに何度かお土産屋に買い物に付き合ったりしてもらっていた。

夜になるとアリは、「僕の家に行きましょう。僕の家で泊まっていって」と言ってきた。男性の住む家に行くだけでも気を付けなければならないのに、泊まるなんて絶対にあり得ない。

アリは日本語で会話ができるので信用はしていたが、いくら言葉が通じても、違う国の人だと微妙なニュアンスなどは伝わらないこともある。あまりにもしつこく言ってくるので、私はやや逃げ腰になっていた。

三日目に会った時も、アリは誘ってきた。

「昨日は朝までルームメイトのスズキさんと部屋の掃除をしました。今日は家に来てください」

「スズキさん？　日本人と一緒に住んでるの？」

「僕は、村山さん、鈴木さんと三人でルームシェアして住んでいます。二人はとてもいい人です。あなたにも紹介したい」

アリは、ただルームメイトを紹介したいだけという風に誘ってくる。でも、やはり私は疑ってしまい、断り続けた。

それでもアリは何度も「僕の家に来てください」と必死に訴えてくるので、私も根負けしてしまい、「じゃ、すぐ帰るけど、それでもいい？」と念を押して家に行くことにした。タクシーに乗ったものの、本当に大丈夫だろうかと少し不安だった。

タクシーは街灯もない薄暗い路地へと入って行った。アリのアパートは団地のような建物で、足元も見えない真っ暗な階段を上がると家にたどり着いた。

恐る恐る家の中をのぞくと、狭いリビングでパンツ一枚の日本人男性一人がソファに座って勉強をしていた。「こんばんは」と声をかけると、日本人男性は驚き、あわてて服を着た。

アリのアパートには扇風機しかなく、蒸し暑い。男性ばかりということもあり、部屋の中ではみんなパンツ一枚で過ごしているようだった。

彼は村山さんといい、日本の大学で二年間アラビア語を勉強し、さらに推薦でカイロ大学に留学して本格的にアラビア語の勉強をしているそうだ。大学卒業後は、商社に入ってアラビア語を活かせる仕事に就きたいという。

前日、朝方まで部屋を掃除していたという鈴木さんは、普段しないことをして体調を崩したようで、トイレからずっと出て来ることができないほどひどい下痢に襲われていた。彼は、少しあいさつをしただけで、すぐトイレに駆け込んで行った。彼は一ヵ月ほど前にカイロに来たばかりで、学校の勉強はそれほど忙しくはないそうだ。

でも、村山さんの方は毎日遅くまで大学にいて、いつも帰宅は十二時過ぎだという。帰ってきてからも学校のレポート提出の準備に追われているそうだ。私がアパートにお邪魔したのは夜中の一時だったが、村山さんはさっき帰ってきたところだった。

三人が住むアパートはお世辞にも広いとは言えなかった。リビングは六畳ほどで、冷蔵庫や扇風機、ソファ、机などが置いてあり、他にはもう何も置けないほどだ。

村山さんはその部屋のソファで寝起きしていた。アリはリビングの横にある狭い室内のベランダを使っていた。そこには小さなベッドが一応あるが、勉強机などはなく、そのベッドがアリの勉強場所のようで、その上に辞書やノートが散乱している。隣の鈴木さんの部屋が一番まともだったが、四畳半ほどの狭さだった。

アリは日本語を、鈴木さんと村山さんはアラビア語を、狭いアパートでそれぞれ一生懸命勉強していた。

村山さんは突然の訪問にもかかわらず、「久しぶりに日本の旅行者と会ったよ」と喜んでくれた。エジプトに来てからというもの、毎日大学とアパートの往復だけで、まだカイロ市内以外の観光地には行ったことがないそうだ。

日本から離れたエジプトで一生懸命アラビア語の勉強をしている村山さんは、目標に向かって前向きに生きているようだった。こんなにがんばっている日本人と出会えて、私はうれしくなった。

最初はアリを疑ってしまったが、きっと日本人のルームメイトを紹介したかっただけだったのだろう。

いざ、ピラミッドへ

エジプトといえば、誰でもすぐピラミッドを連想するだろう。

カイロ滞在中、ホテルのスタッフと会うたびに「ピラミッドはもう見たか?」と聞かれていた。

「まだ。明日行くつもり」

「クフ王のピラミッドは人気があって、内部に入る人数が制限されているから、朝一番に行かないと個人では入れないよ」

「じゃ、早く出かけるね。ピラミッド行きの路線バス乗り場はカイロ博物館の前よね」

「うん。でも、バスよりタクシーの方がいいよ」

「なぜ？　タクシーは高いよ」

「でも、チケット売り場まで乗せて行ってもらえるよ。クフ王のピラミッドの内部には、一日三〇〇人しか入れないんだ。しかも午前一五〇人、午後一五〇人と決められていて、競争率が激しいんだよ。午後はピラミッド内部が暑くてたまらないから、午前の早い方がいいよ。でも、朝は早くから団体客を乗せた観光バスやタクシーが並んで、門が開くのを待っているんだ。一つ目の門ではピラミッドのエリアに入る入場券を買うんだ。クフ王のピラミッドの内部に入るチケットは、二つ目のチケット売り場で買うんだよ。ピラミッドは高台にあって、二つ目のチケット売り場までは坂道が続いていていて、けっこう距離があるんだ。タクシーなら二つ目のチケット売り場まで楽に乗って行けるよ。二つ目のチケット売り場は、定員になり次第、閉まるんだ」

「そんなに競争率が激しいのか……」

　その日の朝、クフ王のピラミッドに行ったというヨーロッパ人の宿泊客が私たちの会話に入ってきた。

「ほんとうに大変だったよ。朝八時前に着いたのに、一つ目の門にはもうたくさんの観光バスやタクシーが並んでたんだ。そして、門が開いた途端、みんな一斉に猛ダッシュするんだ。僕たちのように徒歩の個人旅行者は、バスやタクシーにどんどん追い抜かれて、排ガスと砂煙が襲ってくるんだ。あんなに必死に走ったのは久しぶりだったよ。それから二つ目のチケット売り場にやっとたどり着いて、クフ王のチケットを手にした時は感動したよ」

と、楽しそうに話をしてくれた。タクシーで簡単にチケットを手に入れるより、そっちの方がおもしろそうだと思った私は、バスで行くことにした。

翌朝、気合を入れてピラミッドに向かった。

車がビュンビュン走る大通りをヒヤヒヤしながら渡りきり、無事カイロ博物館前のバス停に着いた。でも、バス停といっても日本のようにバスはいちいち停まってはくれない。遠くからバスがやって来たら、バスの路線番号を瞬時に見分け、自分の乗るバスなら、腕を出して合図をしないといけない。合図をしなければ、バスはそのまま猛スピードで通過してしまう。

路線番号は普通の算用数字ではなく、アラビア文字の数字なので、それを理解していないと見分けることができない。それに、行き先のアラビア語とアラビア文字の数字が一緒に書かれているので、見慣れていないと文字と数字の違いさえ分からない。路線番号の数字も小さいので、遠くから走ってくるバスの路線番号を瞬時に見分けるのは高度なテクニックがいる。

バス停には時刻表などなく、みんなバスが来る方向を見つめている。私も必死に猛スピードで走ってくるバスのアラビア文字の数字に目をこらしながら、今か今かと構えていた。でも、見慣れないアラビア文字の三桁の数字

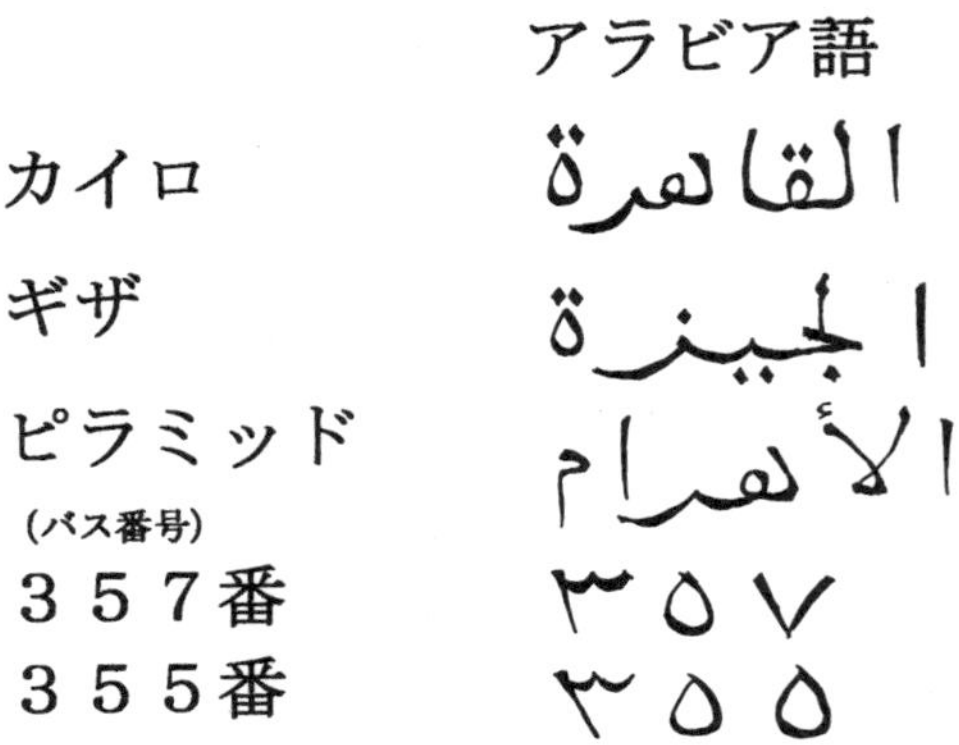

	アラビア語
カイロ	القاهرة
ギザ	الجيزة
ピラミッド	الأهرام
(バス番号) 357番	٣٥٧
355番	٣٥٥

バスに乗るには、この文字を瞬時に見分けなければならない。

を瞬時に判読するのはなかなか難しく、私はアタフタしていた。でも、ここで時間をロスしてしまっては、クフ王のチケットが手に入らない。

私は周囲の人に、「私はピラミッド行きのバスに乗りたい。バスが来たら教えてほしい」と頼んだ。すると、バス停で待っていた人たち全員が、ピラミッド行きのバスが来た時に合図を送ってくれ、私は無事バスに乗ることができた。

エジプトはずいぶん昔から観光の国だったので、英語表示がもっと行き届いていて、旅行しやすい国かと思っていたが、どこを見てもアラビア語で、あまり時間がない個人旅行者には、少し旅をしにくい国かもしれない。

ピラミッドの門が開く八時前には到着するつもりだったのに、結局着いたのは十分遅れだった。バスがピラミッド近くのバス停に着くと、私はあわててバスを降り、一つ目のチケット売り場までの長い坂道を猛ダッシュした。

一つ目のチケット売り場では、バスやタクシーがチケットを買うためにまだ数台並んでいた。必死で一つ目のチケット売り場に到着した時には、ゼーゼー、ハァハァと息切れしていた。チケット売り場に並んでいる人たちはたいてい添乗員やツアーガイドたちで、ツアー客の人数分をまとめて買うので、時間がかかる。

一つ目のチケット売り場では、ピラミッドのエリアへの入場券を販売しており、こちらは人数制限がなく、難なくチケットを購入できる。問題は次だ！　私は二つ目のチケット売り場を目指し、また猛ダッシュで走り出した。

前日聞いていたとおり、坂道が今までよりきつくなってきた。体力の限界が近づき、気持ちでは走っていても、はたから見ると走っているふりをしているようにしか見えなかっただろう。

さっき私の後ろに並んでいたツアーガイドを乗せた観光バスが、私の横をあっさりと追い越して行く。一台、二台、三台と大型バスがすごい砂ぼこりをあげながら走り去る。追い越されるたびに、乗っているツアー客の人数が気になってしかたがない。事情を知らないツアー客たちは私を上からのぞき込み、なんでそんなに必死に走っているの？　という顔で不思議そうに見ている。

バスは私を追い抜く時に限って排気ガスを出し、私は排気ガスにまみれながらも必死に走るしかなかった。目の前には、はじめて見るピラミッドがそびえ立っていたが見る余裕もない。

やっと坂を登りきって二つ目のチケット売り場が見えてきた。でも、バスから降りてくるガイドより先に並ばないと、クフ王のピラミッドに入れないかもしれない。今ならチケット売り場に三人並んでいるだけだ！　と思った時、駐車場に停まったバスの中からツアーガイドが降りて来た。

私は、最後の力をふりしぼってなんとか四人目に滑り込んだ。私の息切れがあまりにも激しいので、前の三人が振り向き、「大丈夫か？」と驚いていた。私は声を発することができないほど息切れしていて、膝はガクガクで震えが止まらなかった。

なんとかクフ王のチケットを手に入れることができた私は、ピラミッドを見るよりも先にチケットを見て一人で感動していた。タクシーに乗って楽にチケットを手に入れるのも良いが、あえて自力で走ってみれば、ピラミッドに入れる喜びもひとしおで、感動も二倍になる。

私のチケット番号は九九番だった。

チケットを手に入れることができた興奮がやっと落ち着き、ピラミッドに目を移すと、目の前にドーンと巨大な石の建造物が立ちはだかっていた。こんなに近くにあったのかと改めてピラミッドをじっくり見ると、積み上げられている一つ一つの石が思っていた以上に大きい。こんなに大きい石を、よくこれほど高い四角錐の形にうまく積み上げられたものだ。それだけでもすごいのに、その中に空間が作られていることにも驚く。

ピラミッドの狭い入口から内部へ入って行くと、中の通路も狭く、しゃがんでやっと通れるほどである。しばらく歩くと、「王の玄室」と呼ばれる有名な空間に出た。ここがピラミッドの内部で一番大きな空間である。

王の玄室は、観光客用に薄暗い蛍光灯があるだけで、空調はなく、蒸し暑くて汗がじっとりとにじんでくる。天井は高く、巨大な黒い石で囲まれている。

部屋の中には奥の壁から二メートルほどのところにフタのない石棺があるだけだ。その石棺の内部をのぞいても中には何もない。観光客もこの部屋に来ると一種独特な雰囲気を感じるのか、みんな黙って何もない部屋を隅々まで見渡していた。

私は、「ここは王の墓ではなく、霊の出入りするところだ」という謎の男性の言葉を思い出した。考古学では、ピラミッドは王の墓だという説が以前までは有力だったが、最近では、謎の男性が言っていたように、霊の出入りする空間だったという説も出てきている。

ピラミッドを出て真正面から眺めていると、内部への入口がピラミッドの中心から少し左にずれていることに気が付いた。その時、謎の男性の言葉を思い出した。

「エジプトの文明はなんでも対だ。一つということはあり得ない。だから玄室も対称の場所に同じ空間があるはずだ」

謎の男性はこのズレのことを言っていたのだろうか。そうすると、右側にも同じような空間があるということになるのだろうか？　確かに、これほど大きな建造物の内部にある部屋が中心ではなく、少し左側だけにあるというのはおかしな気がした。

近年、ピラミッドを造ったのは奴隷などではなく、公共事業の一環だったことが分かってきている。このように、まだまだピラミッドをめぐる謎は解き明かされていない部分が多く、今後も今までの認識とは異なる発見や事実が新たに出てくることだろう。

スフィンクスの謎

私はもともと、ピラミッドよりスフィンクスに興味があった。それは、『神々の指紋』の中で、スフィンクスの胴体には縦溝があると書いてあったのを確かめたかったからだ。

岩などが横に削れるのは風化によるもので、縦に削られるのは大量の雨しか原因がないという。私も今までいろいろな自然造形を見てきたので、そのことは知っていた。写真でスフィンクスを見ても、縦溝はよく分からなかったが、実際にスフィンクスを近くでじっくり見ると、胴体の部分には至るところに縦溝がある。それは、素人の私の目から見ても、雨による浸食の溝だということが分かった。

スフィンクスは長い間、顔から下が土に埋もれていて、一七九八年にナポレオンがエジプトに遠征で訪れた時の絵にも、胴体は土の中にあり、顔の部分しか出ていなかった。その後、スフィンクスは全体が発掘され、今は全身を見ることができる。スフィンクスをじっくり見ていると、胴体に比べて頭部が異常に小さく、アンバランスさを感じる。それに、胴体にある縦溝が、頭部には全くないのが気になった。胴体は長い間砂に埋もれていたのだから、頭部の方がひどく削られていてもおかしくないのに、不思議なことに頭部はきれいなままで不自然だ。

スフィンクスは、地面の岩盤を削り掘って形作られており、周り四方は岩の壁である。実際にその場に立ってみると、四方の壁にも同じように縦溝がしっかりと刻み込まれていることが分かる。

私がじっくりスフィンクスを見ているすぐ横で、エジプト人の日本語ガイドが二人の日本人女性にスフィンクスの謎を説明していた。でも、日本人女性はスフィンクスの謎や歴史には全く興味がない様子で、せっかく良い説明をしてくれているのも聞かず、二人でスフィンクスをバックにお互いの写真を撮り合っていた。

私は日本語ガイドの説明を盗み聞きした。

「スフィンクスの前の石碑にはこう書かれています。今から約三五〇〇年前のファラオであるトトメス四世の夢の中にスフィンクスが現れ、『早く掘り起こしてくれ』と言いました。そして、ファラオの命令でスフィンクスは掘り起こされ、記念に石碑が作られました」

私はその説明を聞いて驚いた。ということは……、その時代にもスフィンクスは埋もれていたということ？

思わず私は彼に質問した。

「スフィンクスはナポレオンの時代にも埋もれてましたよね。ってことは、二度も埋もれてたってことですか？」

突然、赤の他人に質問されたにもかかわらず、彼は自分の説明に興味を持ってくれたのがうれしかったのか、質問に答えてくれた。

「あの石碑を見ると、そういうことになります」

「ファラオの時代にも埋もれてたってことは、それまでも長い年月の間スフィンクスは埋もれてたってことですよね」

「そうです。その時代にも埋もれていたので、スフィンクスの溝から考えると、僕はそれよりも相当以前からスフィンクスはあったと思います」

「どれくらい前だと思いますか?」

「僕は今から約一万二〇〇〇年前に造られたと思います。あなたは吉村作治さんの本かビデオを見ましたか?」

「本は一冊読んだけど、スフィンクスのことは書いてなかったんです」

「吉村さんも、スフィンクスは約一万二〇〇〇年前のものじゃないかと言っています。でも考古学上、その時代のものが何も出てきていないので、はっきりとは言えないのです」

吉村作治さんも、『神々の指紋』の著者グラハム・ハンコックと同じ年代を言っていたとは知らなかった。

「でも、なんで約一万二〇〇〇年前って断言できるのかなぁ?」

「それは、ファラオの時代(紀元前三〇〇〇年頃)以降、エジプトで雨が大量に降った記録がないからです。雨が大量に降らないと、固い岩盤にあれほどはっきりとした縦溝は刻まれないんです。そして、エジプトにそれほど大雨が降っていたのは、今から一万二〇〇〇年前だからです」

そうなのか……。やはりグラハム・ハンコックが言っていたことは正しいのだろうか？　私は科学者でも考古学者でもないので、年代までは分からないが、スフィンクスには縦溝だけではなく、風化したと思われる横溝もある。きっと、スフィンクスは私たちが学校で習った年代よりもはるか昔からあの場所にあったのではないだろうか？

そうだとすると、今度はあの顔が気になってくる。体や手足に比べて不自然に小さく、浸食や風化のないきれいな顔。きっと顔の部分だけは、ファラオの時代になってからすげ替えられたのかもしれない。私には、あの不自然に小さくてきれいな顔は、スフィンクスが何か答えを訴えかけているように見えた。

六世紀にアラブ軍がエジプトを征服し、エジプトにイスラム教が広まったが、イスラム教は偶像崇拝を認めていないので、その後にスフィンクスの鼻は削られたという。そして、十八世紀はじめにも、イギリス軍がヒゲ（ツタンカーメンのような顎ヒゲ）を切り取り、イギリスに持ち去った。スフィンクスは元の顔をどんどん変えられて今に至っている。

スフィンクスを一望できる場所はごく限られた狭い場所だが、私はできる限りスフィンクスをいろいろな角度から見ようと後ろにも回ってみた。

すると、スフィンクスにはシッポがあった。そのシッポは猫のように体の右横に沿っていて、先端がクルッと少し巻いている。スフィンクスは、今はファラオの顔になっているが、手足の太さからして元々はライオンのような顔ではなかったのだろうかと思えてきた。

そして、そのシッポの存在に気付いた時、私はハッとした。謎の男性の言うとおり、古代エジプト人の考え方が何でも「対」なら、シッポが右側にあるのはおかしいのではないだろうか？　もし最初からスフィンクスが一体なら、シッポは真っ直ぐにするのではないだろうか。

ということは、謎の男性が言っていたとおり、スフィンクスはほんとうは二体あり、シッポを左側に巻いたもう一体のスフィンクスがあったのではないだろうか。

私はスフィンクスの左の方に何か残っているかもしれないと、今は何もない砂漠を歩いてみると、スフィンクスのすぐ左横にどこからともなくピラミッドへと伸びる一本道があるのに気付いた。その道は今は利用されておらず、その存在は忘れ去られているかのようだ。道は古い石畳のようでもあるし、硬い岩盤を利用して造られているようでもあった。

もしかしたら、もう一体のスフィンクスは、この道を挟んだ反対側にあったのではないだろうか？　その道からスフィンクスとピラミッドを眺めてい

スフィンクスのシッポ

ると、この道はピラミッドに通じる参道のように思えてきた。もし、そうだとすれば、スフィンクスはピラミッドの守り神だったのではないだろうか。

ふと、以前に行ったイランのペルセポリスの神殿を思い出した。神殿入口には、頭部は人間、体は猛獣、背中には翼という、高さ十メートルもある人面有翼獣神像が二つあった。神殿に入るにはその間を通って行く。それは神殿の前に立ちふさがって神殿を守っているかのようだった。その胴体やシッポ、足などはライオンそっくりだった。

ペルセポリスの神殿内部は、紀元前三三〇年にアレキサンダー大王によって破壊されてしまったが、今でも神殿の柱や土台となった部分の彫刻壁画などがたくさん残されている。その彫刻壁画の中に、イランには生息していないライオンとペルシャ帝国の王が戦っているものがあった。

その壁画は、王が世界一強い猛獣ライオンに勝つことで、その強さを示したことを表したとされる。また、それは世界の半分を制したといわれるペルシャ帝国の王が百獣の王を倒し、本当の意味で世界の頂点になったということを意味しているともいわれている。

アフリカのエチオピアやインド、アッシリアなど世界各国から、ペルシャ帝国の王に貢ぎ物が贈られている彫刻壁画もあったので、アフリカからライオンを贈られていたとしてもおかしくはない。きっと当時でも、ライオンは違う土地の王にとっても特別な動物だったのだろう。同じように、古代エジプト人も百獣の王ライオンをピラミッドの守り神にしていたのではないだろうか。

ライオンをモチーフにしたペルセポリスの人面有翼獣神像の他にも、ギリシアのミケーネ遺跡の獅子の門や、ヒッタイトの都があったボアズカレ（トルコ中央部）のスフィンクス門、カンボジアのアンコールワットのシンハ（獅子像）、中国の紫禁城（故宮博物館）の青銅獅子像、沖縄のシーサー、そして日本の神社の狛犬と、ライオンや獅子のような守り神の像が、入口にあたる場所に二体ある遺跡などは多い。トルコやギリシアではライオンそのままの姿だが、東アジアに入ると獅子に変化している。

スフィンクスの左横にある道がピラミッドへの参道だとすれば、守り神と思われるエジプトのスフィンクスだけが一体とは考えづらい。やはりスフィンクスはもう一体あったのではないだろうか。

そして、造られた年代を考えると、獅子像や狛犬のルーツはスフィンクスで、それがアジアを横断して東へと伝わっていったのではないかと思えてならなかった。

誰もいない灼熱の砂漠で、私は勝手な想像を一人でめぐらせ、推理を楽しんでいた。


ピラミッドは一般的に注目度が高いが、それに比べてスフィンクスはあまり注目されていないように思える。でも、スフィンクスは今でも謎とされているピラミッドの造られた意味や年代の手がかりを与えてくれる証言者ではないだろうか。私にとってスフィンクスは、見れば見るほど奥の深い遺跡だった。

その後、スフィンクスのことを調べてみると、いろいろな説があることが分かった。やはりスフィンクスは実際にじっくり見た人が好奇心を抱かずにはいられない謎の建造物なのだろう。

今、スフィンクスの胴体は修復作業が行われ、浸食された縦溝が徐々に新しい化粧石でおおわれていて、壮大な歴史の謎は封印されつつある。

ハトシェプスト葬祭殿乱射事件

一九九七年十一月二二日のことだった。エジプトのルクソール近郊のハトシェプスト葬祭殿で武装グループ六人による乱射事件が発生し、観光客六二人が死亡、二四人が負傷した。その中には日本人観光客十人も含まれていたので、日本でも大きくニュースで取り上げられ、記憶に残っている人も多いだろう。

モロッコのところでも書いたように、私はその一ヵ月後にエジプトへ行くことになっていて、ハトシェプスト葬祭殿にも行くつもりだった。だから、この事件はとても他人事とは思えなかった。それに、過去のエジプトでの観光客を狙ったテロ事件とはあまりにも毛色が違っていたので、恐怖も感じた。

事件に巻き込まれた人々はその日、駐車場に停まった観光バスから降りた途端、犯行グループが無差別に連射する機関銃の前にバタバタと倒れていった。撃たれて必死にもがいているところをさらに何度も撃たれたり、短剣でノドをかき切られたり、目を打ち抜かれたりと、その惨状は目に余るものがあったという。

事件の様子を興奮状態で必死の様相で話していた人は、「撃たれた人の下敷きになって倒れ、そのままおいかぶさった人の血を自分の額に塗り、死んだふりをしてなんとか助かった」と、インタビューに答えていた。

犯行現場は駐車場だけではなく、葬祭殿の中でも殺りくが行われ、日本人犠牲者の中には神殿の柱付近で亡くなった方もいた。犯人は、警察が来るまでの三十分間、外国人だけを狙って銃を乱射し続けたという。その後、警察と銃撃戦になり、犯人は全員その場で射殺された。

実際にハトシェプスト葬祭殿に行くと、そこはだだっ広い場所で、乱射事件など起これば、どこにも隠れるような場所はない。

エジプトの観光名所はたいてい警察や軍の警備が厳しいが、現在のハトシェプスト葬祭殿には、ほんの申し訳程度の警備員が数人、日陰でのんびり座っているだけで、あの恐ろしい事件があったことなどウソのようだった。

ハトシェプスト葬祭殿へは、現地ツアーに参加して行った。ツアー客は数人の欧米人と韓国人で、各自思い思いに葬祭殿を見学していた。私は乱射事件が印象に残っていたので、ここでたくさんの人が亡くなったのかと思うと、厳粛な気持ちになった。たくさんの人が亡くなった場所で私が手を合わせていると、韓国人の女性が「どうしたの?」と声をかけてきた。

「ここで五年前に、たくさんの観光客が殺されたかと思うと……」

「えっ、何それ。ほんと⁉」

彼女は目を丸くして驚いた。彼女が他の韓国人の友達にそのことを通訳すると、友達もそのことを知らなかったようで、とても驚いていた。

「韓国ではそのニュースは全く流れていなかったわ。そんな怖いことがあったの⁉」

と、みんな神妙な面持ちになった。死傷者に韓国人が含まれていなかったからか、韓国ではそのニュースを知らない人が多いのではないかと言っていた。あれだけ衝撃的な無差別殺人でも、自分の国の被害者が出ていなければ、あまり報道されないのかもしれない。

エジプトは日本人観光客も多く、今では危険というイメージは薄らいでいるが、実際に行くと今まで行ったイスラムの国々と比べても、まだまだ危険なエリアが多い国だと思う。素晴らしい遺跡にもかかわらず、危険エリアであることを理由に行けなかった場所も多かった。

エジプト最南端にある、ラムセス二世が造った巨大遺跡であるアブシンベル神殿への陸路は、何度も観光バスが襲撃され、多くの死傷者を出している。そのため、一時は陸路でアブシンベル神殿へ行くことは禁止されていた。

二〇〇一年にようやく解禁されたものの、アブシンベル神殿までの陸路の道中は大変だった。出発地点となるアスワンの街からアブシンベル神殿までは二八〇キロもあり、現地ツアーに参加しなければ行くことができない。日本のパックツアーでは、危険な陸路移動は避けて神殿の近くにある空港まで飛行機で往復するそうだ。

現地ツアーやパックツアーのバス数十台が朝四時前に集合すると、出発前に車に爆弾が仕掛けられていないか、軍が一台一台じっくり時間をかけて車体の下を鏡でチェックする。調べられるのは車だけではなく、運転手の身分証明書や車内にいる乗客の顔も暗がりの中、ライトで照らされて一人一人チェックされる。

道中は、ロケット弾や機関銃を備えた厳重装備の軍の護衛車がツアーバス二、三台をはさみ、砂漠の一本道をノンストップで一気に突っ走る。スピードメーターは、常に最高速度の一六〇キロを振り切っていた。真っ暗な砂漠を爆走し、朝日が昇る頃にアブシンベル神殿に到着する。

エジプトでは、有名な遺跡があるエリアの入口にはどこでもゲートがあったり、車に爆弾が隠されていないかチェックを受けたりと、テロに対するチェックが厳重である。今までに行ったイスラムの国の中でも、エジプトが一番テロに対しての警備が厳重だった。それは裏を返せば、それだけ危険な国だということなのだろう。

エジプトの旅を終えて感じたこと

エジプトでは、謎の男性やシャフィーンのいとこなど、不思議な出会いがあった。

そして、たくさんの遺跡を一人でじっくり見ることができ、歴史のロマンを満喫することができた。そして、謎の男性が言っていたように、今まで学校で習った歴史は、もしかしたら事実とは違うのではないだろうか？　と思うこともあった。

私は歴史の専門家ではないし、歴史を本格的に勉強しているわけでもないので、ピラミッドやスフィンクスがいつ造られたのか、一万二〇〇〇年前なのか、五〇〇〇年前なのか、本当のところは全く分からない。でも、いろいろな説があるということだけは確かだ。まだまだ謎の部分が多いので、私も含めてエジプトに興味を持つ人が多いのだろう。

謎解き以外にも、はるか昔の人々があれほど大規模な建造物を造り、それが破壊されることもなく今も多く残されているという、エジプト文明のスケールの大きさやすごさを体で感じることができた旅だった。

そして、スフィンクスや古い遺跡などを見ていると、日本と中近東イスラム圏は、途方もない距離を超えて、少なからず文化のつながりがあるのではないかと感じることができた。

カイロ博物館では、ツタンカーメンの墓にあった展示物の中に、移動用の折りたたみベッドがあった。そのベッドの折りたたみ部分に、金具のちょうつがいが使われているのには驚いた。そのちょうつがいは、現代の私たちがドアなどに使っている物とまったく同じ仕組みだった。それを見て、エジプトの古代文明は私たちが思っている以上にはるかに進んでいたのではないかと思わずにはいられなかった。

私は、今まで旅をしてきて、昔の遺跡などを見て感動したり、いろいろと考えさせられたりすることも多かったが、それはせいぜい数百年から古くても二〇〇〇年前までのものだった。

でも、エジプトでは、二〇〇〇年前などまだまだ浅い歴史だった。今まで、私は各国の多くの歴史的建造物を見たが、やはりエジプトだけは特別なものを感じた。ピラミッドパワーとよく言われるが、私はエジプト全体から何か強烈なパワーを感じた。「人との出会いは運命なんだよ」と教えてくれた謎の男性と出会っていなければ、私はエジプトの遺跡をそこまでじっくり見ることはなく、いろいろなことを感じることもなかったかもしれない。謎の男性との出会いによって、私は歴史の奥深さやおもしろさを知ることができた。できることならもう一度謎の男性に会って、一緒に歴史の謎解きをしてみたい。

エジプト

あとがき

私はこれまで、欧州、アジア、南米、中米、アフリカなど、四〇ヵ国近い国を旅してきました。この本で書いたのは、その中の一部であるイスラムの国の五ヵ国です。イスラムの国と聞くと、怖いとイメージされていた方、この本を読んでそのイメージは変わりましたか？　でも、モロッコなどはやはり怖いと感じてしまったかもしれませんね。モロッコと聞くと、「魅惑のモロッコ」などという魅力的なうたい文句にひかれる人も多いでしょう。私もその一人でした。

ところが、私のモロッコの旅はつらくて厳しいものでした。そのため、モロッコの印象は最悪なものになってしまいました。いくら世界遺産級の見所が多くあったとしても、その国の人々の気質によって、印象や旅のしやすさは大きく左右されます。日本にいると、外国に関する情報はどうしても偏ったものになってしまいがちです。でも、そういった偏った情報をうのみにしてはいけないと思います。このように、モロッコを旅したことで考えさせられたこともあり、そういう点では行って良かったと思います。

本の最初にある地図でも分かるように、ヨーロッパの人々はイスラムの国々が距離的に近いこともあり、とても身近に感じているようでした。

例えば、ヨルダンやエジプトには、ヨーロッパ諸国から飛行機で二〜四時間で行くことができます。日本から韓国や香港へ行くのと同じぐらいの感覚です。日本ではほとんど知られていないチュニジアも、イタリアから飛行機でたった一時間弱で行くことができます。モロッコなどは、スペインからフェリーで日帰りでも行くことができてしまいます。

そんな身近な存在ということもあって、ヨーロッパの人々はイスラムの国々の美しい海や砂漠などへリゾート感覚で訪れています。日本からは遠いということもありますが、イスラムの国々にリゾート感覚で行く日本人は少ないでしょう。でも、リゾートは青い海だけではありません。心を癒しに砂漠に行くなんていうのも良いのではないでしょうか。

この本を読んで、砂漠の素晴らしさやイスラムの人々の優しさを一人でも多くの人に知っていただければ幸いです。イスラムの国の人々は日本人を身近に感じてくれているのですから、私たち日本人も、もう少し視野を広げて、一人でも多くの人がイスラムの国々に興味を持っていただけたらと思います。

私の旅は何も特別なものではなく、普通のＯＬが有給休暇をとって行く旅ですが、私は仕事の関係上、わりと連休が取りやすいこともあって、ゴールデンウィークや九月の連休の時期、正月休みに有給休暇を合わせて、十～十七日間程度の旅をしています。

行きにくい国や遠い国に一人で行けるのは、学生かフリーターというイメージがあるかもしれません。でも、私のように働きながら、短い日程でバックパッカーの旅を楽しんでいる人はたくさんいます。日程は短くても自分が楽しめて、その国を見て感じることで、自分に得るものがあれば、それで十分だと思います。

私も、海外旅行に行き始めた最初の頃は、メジャーな国に行き、有名な観光地を巡るような旅ばかりしていました。でも、旅を重ねるにつれ、いろいろな国の人たちと話をすることができるようになると、それぞれの国によって考え方の違いや習慣の違いがあることを実感することができ、現地の人との触れ合いにも旅の楽しさを見出しました。

一人旅の日本人とも、お互いの旅のスタイルや、旅に出て感じたことなどを語り合うようになり、視野が広がりました。お互い一人だと、なぜか会ってすぐでも自分の思いを素直に話すことができます。これが二人旅やグループ旅行だと、一緒に行った友達とばかり会話し、その国の人々や見ず知らずの旅人に話しかけることはあまりないでしょう。個人旅行者同士だと、他人でも心の壁がなくなることも一人旅の魅力かもしれません。

トルコの旅では、旅先で様々な人と出会ったことで、それまで目を向けていなかった旅のスタイルを知ることができ、良い刺激を受けました。

トルコでは、出発前には予定していなかった歴史的なスポットに行くことになったことで、私はもともと興味があった自然造形美やイスラムの文化だけでなく、歴史や遺跡に徐々に目覚めることになりました。

日本で普通に生活していては絶対に出会えないような人たちとの旅先での出会いによって、私はいろいろな国を旅することになりました。そして、そのことは私の旅のスタイルにも大きな影響を与えてくれました。

旅を重ねるにつれ、できるだけ多くのスポットを見てみたいと思うようになり、行く国が決まった後は、出発前までできるだけ多くの情報を集め、できるだけ効率良く移動する段取りを考えるようになりました。

本やインターネットでも情報を得ることができない国などは、観光局や大使館に問い合わせることもあります。でも、やはり日本では細かい情報までは得ることができず、現地に行ってから情報収集しなければならないことも多々あります。

私は何でも自分でするのが好きだということもあり、ビザが必要な国でも旅行会社に頼まず、時間と労力がかかっても自分でビザを取るようにしています。手間と時間をお金で買うという考え方もあるかもしれませんが、私にとって旅は出発前から始まっていて、自力でビザを取るのも楽しみの一つなのです。

旅行会社に手数料さえ払えば、簡単にビザを取ってもらえますが、自力でビザを取るとなるとけっこう大変です。でも、一つ一つ自分で準備を重ねていくと、その国に行く喜びが徐々に増していきます。そして、無事に現地へ行くことができた時は、自分が少し成長したような気分さえ味わえ、素直に喜べるのです。そういう意味でも、私はバックパッカーの旅が好きなのかもしれません。

一人旅のバックパッカーと聞くと、アウトロー的なイメージを抱く人もいるかもしれませんね。そういった人々が全くいないといえばウソになるでしょう。確かにいろいろな国を旅していると、アジアなどでは目的もなく安宿に長期滞在し、ダラダラとした日々を過ごし、旅の期間が長いことだけを自慢げに話す人もいます。でも、そういった人たちはごく少数で、バックパッカーは何らかの目的を持って旅している人が多いように思います。

一人旅というと孤独な旅のように聞こえるかもしれませんね。確かにつらくて寂しい時もありますが、現地の人や他の旅行者に助けられ、人の温かさを感じることもできます。

大変なこともありますが、出発前から自分で情報を集め、地図を片手に実際にその場所に行くことができた時の喜びや感動は、パックツアーでは絶対に得ることができないものだと思います。これればかりはどれだけ言葉を重ねても、実際に一人で旅に出なければ実感してもらえないかもしれません。

もし、あなたが海外に一人で行こうと思い立ち、そして実際に行ってみれば、出発前と帰国後のあなたは、きっと何かが変わっていることでしょう。

私は、これからも各国を旅し、いろいろな人と出会うために旅を続けたいと思います。そして、いつか、旅先であなたと会えることを夢見つつ。

あとがき

最後に

私の夢だった旅行記の出版にあたり、構想から出版まで予想以上に時間がかかり、素人が一から文章を書くことの大変さを思い知ることになりました。何度も挫折しそうになりましたが、そのたびに私の旅行記を読みたいと応援してくださった方々に、この場をお借りしてお礼申し上げます。

明けても暮れても文章のチェックを続けていると、自分の感覚がマヒしてきて、どう書けば良いのか自分でも分からなくなることが何度もありました。

そんな時、私の疑問に答えてくれたり、私を励ましたりしてくれながら、数ヵ月にわたって膨大な量の校正を手伝ってくれたトムこと齊藤智也さん（トルコの章などに登場 http://www.geocities.jp/tomoya_traveller/）、誤字脱字や内容のチェックをしてくれた佳代ちゃん、吉場睦子さん、健彦さん、ありがとう。

私は皆さんに支えられて、こうして無事本を出版することができました。

そして、最後まで私の旅行記を読んでくださったあなたに、ありがとうございました。

著者プロフィール

おくだ　かおり

大阪府在住。20代前半友人と自炊しながらオーストラリア大陸をバスで一周したことをきっかけにバックパッカーの旅に目覚め、リュックに寝袋をくくりつけ一人で海外を旅するようになる。就職後も旅をやめることができず、年２、３回長期休暇を利用し社会人バックパッカーとして旅をする。年頃になり結婚をするがやはり旅がやめられず、夫婦で年１、２度、一人で年１度は３週間ほど旅に出る。

今まで旅した国は、主に中東イスラム諸国が中心だが、アジア諸国、アフリカ、中南米など40ヶ国近くを旅する。

近頃は少数民族や民俗学に興味を持つ。

著書に『やっぱり旅はやめられない　中国編』（日本文学館）がある。

本の感想、ファンレター　kaoridon@hotmail.co.jp

ＨＰ　http://kaoridon.web.fc2.com/

本には載せられなかったことも書いてます。

イスラム編のボツになった文章（原稿）や、モロッコの「幽霊屋敷ホテル」のカギ穴男の写真、ヨルダンの「危険なお土産屋」でわしづかみにして持って帰ってきたＴシャツと飾り皿の写真なども載せています。

ボツ原稿を見るためのパスワード：kaori-don

ブログ　http://kaoridon.blog68.fc2.com/

やっぱり旅はやめられない　イスラム編

2006年2月1日　第1刷発行
2006年3月15日　第2刷発行
2007年6月1日　第3刷発行
2010年7月5日　第4刷発行

著　者　おくだ　かおり
発行者　米本　守
発行所　株式会社　日本文学館
〒160-0008　東京都新宿区三栄町3
電話 03-4560-9700（販売）FAX 03-4560-9701
E-mail order@nihonbungakukan.co.jp
印刷所　株式会社　晃陽社

ISBN978-4-7765-0817-5